기도하는 엄마들

자녀들과 교사, 학교, 주일 학교를 위해 기도하는 엄마들을 위한

기도일지 ❷

한국 기도하는 엄마들(MIP KOREA) 감수

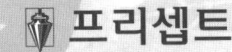

목 차

♥ 한국 기도하는 엄마들(MIP KOREA) • 5
♥ 비전선포 기도 • 7

Ⅰ 하나님의 이름

1주♡ 엘 – 능력과 힘의 하나님 • 10
2주♡ 여호와 라아 – 목자이신 하나님 • 12
3주♡ 여호와 샴마 – 거기 계시는 하나님 • 14
4주♡ 여호와 샬롬 – 평강의 하나님 • 16
___년 ___월 기도달력 • 18

5주♡ 여호와 메카디쉬켐 – 거룩케 하시는 주님 • 20
6주♡ 여호와 – 스스로 존재하시는 분 • 22
7주♡ 아도나이 – 주(主) 되시는 하나님 • 24
8주♡ 엘 올람 – 영원하신 하나님 • 26
___년 ___월 기도달력 • 28

9주♡ 엘 엘리온 – 지극히 높으신 하나님 • 30
10주♡ 엘로힘 – 삼위일체, 창조주 하나님 • 32
11주♡ 엘 로이 – 보시는 하나님 • 34

Ⅱ 하나님의 속성 및 사역

12주♡ 선하신 하나님 • 38
___년 ___월 기도달력 • 40

13주♡ 지혜로우신 하나님 • 42
14주♡ 거룩하신 하나님 • 44
15주♡ 신실하신 하나님 • 46
16주♡ 도우시는 하나님 • 48
___년 ___월 기도달력 • 50

17주♡ 의뢰할 분이신 하나님 • 52
18주♡ 기쁨 되시는 하나님 • 54
19주♡ 기적을 행하시는 하나님 • 56
20주♡ 빛 되신 하나님 • 58
___년 ___월 기도달력 • 60

21주♡ 아버지 하나님 • 62
22주♡ 친구 되시는 예수님 • 64
23주♡ 지도하시는 하나님 • 66
24주♡ 들으시는 하나님 • 68
___년 ___월 기도달력 • 70

♥ 10대 자녀를 위한 기도제안 • 72
♥ 31일 성품 기도달력 • 74
♥ 한국 기도하는 엄마들 주제가 • 76

♥ 한국 기도하는 엄마들(MIP KOREA)

♡ 기도하는 엄마들(Moms In Prayer, MIP)은?

- 정기적으로 매주 한 시간씩 모여 자녀들과 학교를 위해 중보하는 여성들입니다.
- 어떤 특정 아이나 학교를 위해 기꺼이 기도하기 원하는 크리스천 여성들입니다.
- 하나님께서 기도에 응답하신다고 믿는 여성들입니다.

기도하는 엄마들의 목적은 엄마들이 모여 함께 자녀들을 위해 기도함으로 그들을 몸소 지키며, 자녀들의 학교가 성경적 가치와 높은 도덕적 기준으로 그들을 지도할 수 있게 중보하는 것이다.

사명선언문

기도하는 엄마들은
엄마들이 모여 기도함으로 그리스도를 위하여
온 세계 자녀들과 학교에 영향을 끼친다!

비전선언문

우리의 비전은
세상의 모든 학교를 위하여
기도하는 것이다!

♡ MIP 기도 특징

대화식 합심기도

- 두세 명의 엄마들이 기도하기에 짧고 단순한 언어로 구체적으로 기도한다.
- 한 번에 한 주제에 집중하여 기도한다.
- KISS(Keep It Simple and Short/Specific)의 원리를 따라 기도한다.

말씀기도

성경 말씀을 묵상하고 그 말씀에 근거하여 기도한다.

4단계기도

MIP 기도 시간은 4단계로 이루어진다. (찬양 - 고백 - 감사 - 중보)

♡ 한국 기도하는 엄마들 홈페이지 www.mip.or.kr

♥한국 기도하는 엄마들(MIP KOREA)

1984년부터 시작된 MIP는 국제본부(www.momsinprayer.org)가 미국에 있으며 현재 145개국 엄마들이 동참하고 있는 복음적이고 국제적인 기도사역입니다. 우리나라에서는 1998년부터 사역이 시작되었고 지금까지 수많은 기도하는 엄마들이 이 땅 가운데 세워지고 있습니다.

♡ 2017년 현재 기도하는 엄마들 사역을 하고 있는 지역은 다음과 같습니다.

지역	교회	연락처
서울	남서울은혜교회 외	010-2045-1795
수도권	선한목자교회 외	010-2796-6560
충청/강원	천안중앙교회 외	010-7464-4409
전라	광주 성은교회 외	010-3626-1275
경북	대구 삼승교회 외	010-9310-2227
경남	창원 한빛교회 외	010-4268-3368
부산/제주	부산 수영로교회 외	010-5004-5925

비전선포 기도

기도하는 엄마들

- 제가 '기도의 여인'이 되게 하옵소서!
- 제가 기도를 통한 하나님의 능력에 대한 비전을 가질 수 있게 하옵소서!
- 제가 '중보기도자'가 되게 하옵소서!
- 제가 적극적인 기도를 하되,
  삶의 한 방식으로 솔선수범하여 주도권을 가지고
  다른 사람과 함께 기도하게 하옵소서!
- 제가 말씀으로 기도하는 법을 배우게 하옵소서!
- 제가 쉬지 말고 기도할 수 있게 하옵소서!
- 제가 하나님께서 기도 중에 제게 가르쳐주신 진리를
  다른 사람들에게 전해 줄 수 있게 하옵소서!

♡ 기도하는 엄마들 기도일지 ❷ ♡

I
하나님의 이름

1주♡ 엘 – 능력과 힘의 하나님
2주♡ 여호와 라아 – 목자이신 하나님
3주♡ 여호와 삼마 – 거기 계시는 하나님
4주♡ 여호와 샬롬 – 평강의 하나님
___년 ___월 기도달력

5주♡ 여호와 메카디쉬켐 – 거룩케 하시는 주님
6주♡ 여호와 – 스스로 존재하시는 분
7주♡ 아도나이 – 주(主) 되시는 하나님
8주♡ 엘 올람 – 영원하신 하나님
___년 ___월 기도달력

9주♡ 엘 엘리온 – 지극히 높으신 하나님
10주♡ 엘로힘 – 삼위일체, 창조주 하나님
11주♡ 엘 로이 – 보시는 하나님

1주 ♥ 엘(El) – 능력과 힘의 하나님

한국 기도하는 엄마들　　　　　　　　　　　• 날짜: 20___년 ___월 ___일 (___요일) ___시

♥ **찬양**(8-10분) – 이제 엘(El) – 능력과 힘의 하나님을 선포하고 찬양하겠습니다(하나님의 속성, 이름, 성품으로 하나님을 찬양하십시오. 이 시간은 기도 응답이나 기도 제목을 나누는 시간이 아닙니다. 찬양만 하십시오.).

'엘(El)'은 '신(神)'을 뜻하는 말이며, 가장 오래되고 널리 알려진 하나님의 이름 중 하나로서 '힘' 또는 '능력'을 뜻합니다. 여호와는 우리의 힘입니다. 주의 손에 권세와 능력이 있어서 주의 능력에 맞설 사람이나 존재가 이 세상 어디에도 없습니다. 아무리 연약한 엄마라도 자녀들을 위해 능력과 힘의 하나님께 믿음으로 겸손히 아뢰면 하나님께서는 우리 자녀들을 원수의 손아귀에서 구원해 주실 것입니다.

출 15:1-2　이 때에 모세와 이스라엘 자손이 이 노래로 여호와께 노래하니 일렀으되 내가 여호와를 찬송하리니 그는 높고 영화로우심이요 말과 그 탄 자를 바다에 던지셨음이로다 여호와는 나의 힘이요 노래시며 나의 구원이시로다 그는 나의 하나님이시니 내가 그를 찬송할 것이요 내 아버지의 하나님이시니 내가 그를 높이리로다

출 15:3　여호와는 용사시니 여호와는 그의 이름이시로다

대하 20:6　이르되 우리 조상들의 하나님 여호와여 주는 하늘에서 하나님이 아니시니이까 이방 사람들의 모든 나라를 다스리지 아니하시나이까 주의 손에 권세와 능력이 있사오니 능히 주와 맞설 사람이 없나이다

시 89:7-8　하나님은 거룩한 자의 모임 가운데에서 매우 무서워할 이시오며 둘러 있는 모든 자 위에 더욱 두려워할 이시니이다 여호와 만군의 하나님이여 주와 같이 능력 있는 이가 누구리이까 여호와여 주의 성실하심이 주를 둘렀나이다

사 43:13　과연 태초로부터 나는 그이니 내 손에서 건질 자가 없도다 내가 행하리니 누가 막으리요

♥ **고백**(2-3분) – 우리가 죄를 품고 있으면 하나님은 우리 기도를 듣지 않으십니다.
이 시간은 조용히 침묵하는 가운데 우리의 죄를 고백하는 기도를 하겠습니다. (2-3분 후)
만일 우리가 우리 죄를 자백하면 하나님께서는 신실하시고 의로우심으로 우리 죄를 용서하시고 모든 불의에서 우리를 깨끗게 하신다고 하신 말씀대로 우리의 죄가 그리스도의 보혈로 깨끗하게 씻겨졌음을 믿습니다. 이제 우리를 온전히 다스리시고, 성령으로 충만케 하여 주시옵소서. 아멘!

♥ **감사**(5-8분) – 이제 기도 응답에 대하여 하나님께 감사기도를 드리겠습니다(이 시간에 간구는 하지 않습니다.).

자녀 이름:　　　　　　　　　　　　　　자녀 이름:

_____　　_____

_____　　_____

_____　　_____

_____　　_____

♥ **중보 (30-40분)** – (대화식 합심기도는 언제나 짧고 Short, 간단하게 Simple, 구체적으로 Specific 합니다.)

① **이제 우리 자녀를 위해 중보기도하겠습니다.**

   ♡ **먼저 ○○를 위해 성구기도하겠습니다.**

   _____가 '여호와는 나의 힘이요 노래시며 나의 구원이시로다. 그는 나의 하나님 이시니 내가 그를 찬송할 것이요, 내 아버지의 하나님이시니 내가 그를 높이리로다'라고 하나님을 찬송하게 하소서(출 15:2).

   성구 확장 기도

   ♡ **○○를 위해 구체적인 기도를 하겠습니다.**

   자녀 이름: 자녀 이름:

② **학교 선생님을 위해 기도하겠습니다.**

   신자일 때: 평강의 하나님이 모든 선한 일에 _____ 선생님을 온전케 하사 주님의 뜻을 행하게 하시고 그 앞에 즐거운 것을 예수 그리스도로 말미암아 우리 자녀들 속에 이루는 축복의 통로가 되게 하소서(히 13:21).

   불신자일 때: _____ 선생님이 주 예수를 믿어 선생님과 선생님의 집이 구원을 받게 하소서 (행 16:31).

   구체적인 기도 제목: _____

③ **학교를 위해 기도하겠습니다.** _____

④ **주일학교 선생님을 위해 기도하겠습니다.** _____

⑤ **주일학교 주요 사안(주일학교 부서)을 위해 기도하겠습니다.** _____

⑥ **기도하는 엄마들 사역을 위해 기도달력으로 기도하겠습니다**(당월 기도달력을 홈페이지에서 다운받아 모일 때마다 한 주 분씩 기도해 주십시오. **www.mip.or.kr**).

♥ **마무리** – 오늘도 우리의 기도를 들으시는 하나님께 감사와 영광을 올려드리며 예수님의 이름으로 기도드립니다. 아멘!

♥ 모임 내에서 기도한 내용은 모임 안에 남아야 함을 잊지 마십시오!!

2주 ♥ 여호와 라아(Jehovah Raah) – 목자이신 하나님

한국 기도하는 엄마들　　　　　　　　　　• 날짜: 20___년 ___월 ___일 (___요일) ___시

♥ 찬양 (8-10분)
이제 **여호와 라아(Jehovah Raah) – 목자이신 하나님**을 선포하고 찬양하겠습니다(하나님의 속성, 이름, 성품으로 하나님을 찬양하십시오. 이 시간은 기도 응답이나 기도 제목을 나누는 시간이 아닙니다. 찬양만 하십시오.).

양은 목자와 함께 있으면 모든 문제가 해결됩니다. 주님은 우리와 하루 24시간 항상 동행하시는 분입니다. 그는 양 떼에게 좋은 꼴을 먹이시며 어린 양을 그 팔로 모아 품에 안으십니다. 우리를 온순히 인도하십니다. 우리가 살진 꼴을 먹고 편안히 누워 있게 하시는 참 목자입니다. 또한 길 잃은 어린 양을 그대로 내버려 두지 않으시고 반드시 찾으시고 기뻐하시는 선한 목자입니다.

시 23:1　　여호와는 나의 목자시니 내게 부족함이 없으리로다

사 40:11　　그는 목자 같이 양 떼를 먹이시며 어린 양을 그 팔로 모아 품에 안으시며 젖먹이는 암컷들을 온순히 인도하시리로다

겔 34:14-15　좋은 꼴을 먹이고 그 우리를 이스라엘 높은 산에 두리니 그것들이 그 곳에 있는 좋은 우리에 누워 있으며 이스라엘 산에서 살진 꼴을 먹으리라 내가 친히 내 양의 목자가 되어 그것들을 누워 있게 할지라 주 여호와의 말씀이니라

요 10:14-15　나는 선한 목자라 나는 내 양을 알고 양도 나를 아는 것이 아버지께서 나를 아시고 내가 아버지를 아는 것 같으니 나는 양을 위하여 목숨을 버리노라

요 10:27-28　내 양은 내 음성을 들으며 나는 그들을 알며 그들은 나를 따르느니라 내가 그들에게 영생을 주노니 영원히 멸망하지 아니할 것이요 또 그들을 내 손에서 빼앗을 자가 없느니라

계 7:17　　이는 보좌 가운데에 계신 어린 양이 그들의 목자가 되사 생명수 샘으로 인도하시고 하나님께서 그들의 눈에서 모든 눈물을 씻어 주실 것임이라

♥ 고백 (2-3분)
우리가 죄를 품고 있으면 하나님은 우리 기도를 듣지 않으십니다.
이 시간은 조용히 침묵하는 가운데 우리의 죄를 고백하는 기도를 하겠습니다. (2-3분 후)
만일 우리가 우리 죄를 자백하면 하나님께서는 신실하시고 의로우심으로 우리 죄를 용서하시고 모든 불의에서 우리를 깨끗케 하신다고 하신 말씀대로 우리의 죄가 그리스도의 보혈로 깨끗하게 씻겨졌음을 믿습니다. 이제 우리를 온전히 다스리시고, 성령으로 충만케 하여 주시옵소서. 아멘!

♥ 감사 (5-8분)
이제 기도 응답에 대하여 하나님께 감사기도를 드리겠습니다(이 시간에 간구는 하지 않습니다.).

자녀 이름:　　　　　　　　　　　　　자녀 이름:

♥ **중보 (30-40분)** – (대화식 합심기도는 언제나 짧고 Short, 간단하게 Simple, 구체적으로 Specific 합니다.)

① 이제 우리 자녀를 위해 중보기도하겠습니다.

♡ 먼저 ○○를 위해 성구기도하겠습니다.

_____의 목자이신 주님이 _____를 알듯이, _____도 주님의 음성을 듣고 주님을 온전히 따르는 양이 되게 하소서(요 10:27).

성구 확장 기도

♡ ○○를 위해 구체적인 기도를 하겠습니다.

자녀 이름:	자녀 이름:

② 학교 선생님을 위해 기도하겠습니다.

신자일 때: 평강의 하나님이 모든 선한 일에 _____ 선생님을 온전케 하사 주님의 뜻을 행하게 하시고 그 앞에 즐거운 것을 예수 그리스도로 말미암아 우리 자녀들 속에 이루는 축복의 통로가 되게 하소서(히 13:21).

불신자일 때: _____ 선생님이 주 예수를 믿어 선생님과 선생님의 집이 구원을 받게 하소서 (행 16:31).

구체적인 기도 제목: _____

③ 학교를 위해 기도하겠습니다. _____

④ 주일학교 선생님을 위해 기도하겠습니다. _____

⑤ 주일학교 주요 사안(주일학교 부서)을 위해 기도하겠습니다. _____

⑥ 기도하는 엄마들 사역을 위해 기도달력으로 기도하겠습니다(당월 기도달력을 홈페이지에서 다운받아 모일 때마다 한 주 분씩 기도해 주십시오. www.mip.or.kr).

♥ **마무리** – 오늘도 우리의 기도를 들으시는 하나님께 감사와 영광을 올려드리며 예수님의 이름으로 기도드립니다. 아멘!

♥ 모임 내에서 기도한 내용은 모임 안에 남아야 함을 잊지 마십시오!!

3주 ♥ 여호와 삼마(Jehovah Shammah) - 거기 계시는 하나님

한국 기도하는 엄마들　　　　　　　　　　• 날짜: 20____년 ____월 ____일 (____요일) ____시

♥ **찬양**(8-10분) - 이제 **여호와 삼마(Jehovah Shammah) - 거기 계시는 하나님**을 선포하고 찬양하겠습니다(하나님의 속성, 이름, 성품으로 하나님을 찬양하십시오. 이 시간은 기도 응답이나 기도 제목을 나누는 시간이 아닙니다. 찬양만 하십시오.).

'여호와 삼마'는 하나님의 임재에 대한 약속입니다. 하나님께서는 택한 백성과 함께 계시며 함께 가십니다. 결코 우리를 떠나지 아니하십니다. 우리를 결단코 버리지 아니하십니다. 바로 지금 이 시간 이곳에 예수 그리스도의 이름으로 모여 기도하는 엄마들 가운데 우리 예수님이 함께 계십니다. 예수 믿는 우리는 그리스도와 함께 살리심을 받아 그리스도와 함께 살고 있는 것입니다.

신 31:6	너희는 강하고 담대하라 두려워하지 말라 그들 앞에서 떨지 말라 이는 네 하나님 여호와 그가 너와 함께 가시며 결코 너를 떠나지 아니하시며 버리지 아니하실 것임이라 하고
수 1:5	네 평생에 너를 능히 대적할 자가 없으리니 내가 모세와 함께 있었던 것 같이 너와 함께 있을 것임이니라 내가 너를 떠나지 아니하며 버리지 아니하리니
마 18:20	두세 사람이 내 이름으로 모인 곳에는 나도 그들 중에 있느니라
마 28:20	내가 너희에게 분부한 모든 것을 가르쳐 지키게 하라 볼지어다 내가 세상 끝날까지 너희와 항상 함께 있으리라 하시니라
고전 3:16	너희는 너희가 하나님의 성전인 것과 하나님의 성령이 너희 안에 계시는 것을 알지 못하느냐
계 21:3	내가 들으니 보좌에서 큰 음성이 나서 이르되 보라 하나님의 장막이 사람들과 함께 있으매 하나님이 그들과 함께 계시리니 그들은 하나님의 백성이 되고 하나님은 친히 그들과 함께 계셔서

♥ **고백**(2-3분) - 우리가 죄를 품고 있으면 하나님은 우리 기도를 듣지 않으십니다.
이 시간은 조용히 침묵하는 가운데 우리의 죄를 고백하는 기도를 하겠습니다. (2-3분 후)
만일 우리가 우리 죄를 자백하면 하나님께서는 신실하시고 의로우심으로 우리 죄를 용서하시고 모든 불의에서 우리를 깨끗케 하신다고 하신 말씀대로 우리의 죄가 그리스도의 보혈로 깨끗하게 씻겨졌음을 믿습니다. 이제 우리를 온전히 다스리시고, 성령으로 충만케 하여 주시옵소서. 아멘!

♥ **감사**(5-8분) - 이제 기도 응답에 대하여 하나님께 감사기도를 드리겠습니다(이 시간에 간구는 하지 않습니다.).

자녀 이름:　　　　　　　　　　　　　　자녀 이름:

_____　　_____

_____　　_____

_____　　_____

_____　　_____

💗 **중보(30-40분)** – (대화식 합심기도는 언제나 짧고 Short, 간단하게 Simple, 구체적으로 Specific 합니다.)

① **이제 우리 자녀를 위해 중보기도하겠습니다.**

♡ **먼저 ○○를 위해 성구기도하겠습니다.**

_____가 자기 몸이 하나님의 성전인 것과 하나님의 성령이 _____ 안에 계시는 것을 알고 그 지식에 합당하게 거룩한 삶을 살게 하소서(고전 3:16).

성구 확장 기도

♡ **○○를 위해 구체적인 기도를 하겠습니다.**

자녀 이름:	자녀 이름:

② **학교 선생님을 위해 기도하겠습니다.**

신사일 때: 평강의 하나님이 모든 선한 일에 _____ 선생님을 온전케 하사 주님의 뜻을 행하게 하시고 그 앞에 즐거운 것을 예수 그리스도로 말미암아 우리 자녀들 속에 이루는 축복의 통로가 되게 하소서(히 13:21).

불신자일 때: _____ 선생님이 주 예수를 믿어 선생님과 선생님의 집이 구원을 받게 하소서 (행 16:31).

구체적인 기도 제목: _____

③ **학교를 위해 기도하겠습니다.** _____

④ **주일학교 선생님을 위해 기도하겠습니다.** _____

⑤ **주일학교 주요 사안(주일학교 부서)을 위해 기도하겠습니다.** _____

⑥ **기도하는 엄마들 사역을 위해 기도달력으로 기도하겠습니다**(당월 기도달력을 홈페이지에서 다운받아 모일 때마다 한 주 분씩 기도해 주십시오. **www.mip.or.kr**).

💗 **마무리** – 오늘도 우리의 기도를 들으시는 하나님께 감사와 영광을 올려드리며 예수님의 이름으로 기도드립니다. 아멘!

♥ 모임 내에서 기도한 내용은 모임 안에 남아야 함을 잊지 마십시오!!

4주 ♥ 여호와 샬롬(Jehovah Shalom) – 평강의 하나님

한국 기도하는 엄마들 • 날짜: 20____년 ____월 ____일 (____요일) ____시

♥ 찬양 (8-10분) – 이제 **여호와 샬롬(Jehovah Shalom) – 평강의 하나님**을 선포하고 찬양하겠습니다(하나님의 속성, 이름, 성품으로 하나님을 찬양하십시오. 이 시간은 기도 응답이나 기도 제목을 나누는 시간이 아닙니다. 찬양만 하십시오.).

우리를 향한 주님의 생각은 재앙이 아니라 평안입니다. 미래와 희망을 주시는 것입니다. 그러므로 안심합시다. 마음에 근심하지 맙시다. 두려워하지 맙시다. 염려하지 맙시다. 모든 일에 감사함으로 기도와 간구로 주께 아룁시다. 그리하면 여호와 샬롬, 평강의 하나님이 우리의 마음과 생각을 지각에 넘치는 평강으로 지켜 주실 것입니다.

삿 6:23-24a 여호와께서 그에게 이르시되 너는 안심하라 두려워하지 말라 죽지 아니하리라 하시니라 기드온이 여호와를 위하여 거기서 제단을 쌓고 그것을 여호와 샬롬이라 하였더라

사 9:6 이는 한 아기가 우리에게 났고 한 아들을 우리에게 주신 바 되었는데 그의 어깨에는 정사를 메었고 그의 이름은 기묘자라, 모사라, 전능하신 하나님이라, 영존하시는 아버지라, 평강의 왕이라 할 것임이라

요 14:27 평안을 너희에게 끼치노니 곧 나의 평안을 너희에게 주노라 내가 너희에게 주는 것은 세상이 주는 것과 같지 아니하니라 너희는 마음에 근심하지도 말고 두려워하지도 말라

엡 2:13-14 이제는 전에 멀리 있던 너희가 그리스도 예수 안에서 그리스도의 피로 가까워졌느니라 그는 우리의 화평이신지라 둘로 하나를 만드사 원수 된 것 곧 중간에 막힌 담을 자기 육체로 허시고

빌 4:9 너희는 내게 배우고 받고 듣고 본 바를 행하라 그리하면 평강의 하나님이 너희와 함께 계시리라

♥ 고백 (2-3분) – 우리가 죄를 품고 있으면 하나님은 우리 기도를 듣지 않으십니다.
이 시간은 조용히 침묵하는 가운데 우리의 죄를 고백하는 기도를 하겠습니다. (2-3분 후)
만일 우리가 우리 죄를 자백하면 하나님께서는 신실하시고 의로우심으로 우리 죄를 용서하시고 모든 불의에서 우리를 깨끗케 하신다고 하신 말씀대로 우리의 죄가 그리스도의 보혈로 깨끗하게 씻겨졌음을 믿습니다. 이제 우리를 온전히 다스리시고, 성령으로 충만케 하여 주시옵소서. 아멘!

♥ 감사 (5-8분) – 이제 기도 응답에 대하여 하나님께 감사기도를 드리겠습니다(이 시간에 간구는 하지 않습니다.).

자녀 이름: 자녀 이름:

♥ **중보 (30-40분)** – (대화식 합심기도는 언제나 짧고 Short, 간단하게 Simple, 구체적으로 Specific 합니다.)

① **이제 우리 자녀를 위해 중보기도하겠습니다.**

♡ **먼저 ○○를 위해 성구기도하겠습니다.**

_____가 신앙의 스승들에게서 배우고 받고 듣고 본 바를 행하게 하소서. 그리하여 여호와 샬롬, 평강의 하나님이 _____와 함께 계심을 경험하게 하소서(빌 4:9).

성구 확장 기도

♡ **○○를 위해 구체적인 기도를 하겠습니다.**

자녀 이름:	자녀 이름:

② **학교 선생님을 위해 기도하겠습니다.**

신자일 때: 평강의 하나님이 모든 선한 일에 _____ 선생님을 온전케 하사 주님의 뜻을 행하게 하시고 그 앞에 즐거운 것을 예수 그리스도로 말미암아 우리 자녀들 속에 이루는 축복의 통로가 되게 하소서(히 13:21).

불신자일 때: _____ 선생님이 주 예수를 믿어 선생님과 선생님의 집이 구원을 받게 하소서 (행 16:31).

구체적인 기도 제목: _____

③ **학교를 위해 기도하겠습니다.** _____

④ **주일학교 선생님을 위해 기도하겠습니다.** _____

⑤ **주일학교 주요 사안(주일학교 부서)을 위해 기도하겠습니다.** _____

⑥ **기도하는 엄마들 사역을 위해 기도달력으로 기도하겠습니다**(당월 기도달력을 홈페이지에서 다운받아 모일 때마다 한 주 분씩 기도해 주십시오. **www.mip.or.kr**).

♥ **마무리** – 오늘도 우리의 기도를 들으시는 하나님께 감사와 영광을 올려드리며 예수님의 이름으로 기도드립니다. 아멘!

♥ 모임 내에서 기도한 내용은 모임 안에 남아야 함을 잊지 마십시오!!

기도하는 엄마들 **기도일지 ②**

_____ 년 _____ 월 기도달력

♥ MEMO ♥

5주 여호와 메카디쉬켐(Jehovah Mekoddishkem) – 거룩케 하시는 주님

한국 기도하는 엄마들   • 날짜: 20____년 ____월 ____일 (____요일) ____시

💙 **찬양 (8-10분)** – 이제 여호와 메카디쉬켐(Jehovah Mekoddishkem) – 거룩케 하시는 주님을 선포하고 찬양하겠습니다(하나님의 속성, 이름, 성품으로 하나님을 찬양하십시오. 이 시간은 기도 응답이나 기도 제목을 나누는 시간이 아닙니다. 찬양만 하십시오.).

'거룩하게 되었다'는 말은 거룩한 용도를 위하여 구별되었음을 의미합니다. 하나님께서는 창세 전에 그리스도 안에서 우리를 택하셨습니다. 우리로 사랑 안에서 하나님 앞에 거룩하고 흠이 없게 하시려고 그 기쁘신 뜻대로 우리를 예정하셨습니다. 또한 그리스도 안에서 우리에게 하늘에 속한 모든 신령한 복을 주셨습니다. 거룩한 삶을 살도록 우리에게 거룩한 능력을 부여하시는 분이 우리 안에 내주하시는 성령님이십니다. 할렐루야!!

출 31:12-13   여호와께서 모세에게 말씀하여 이르시되 너는 이스라엘 자손에게 말하여 이르기를 너희는 나의 안식일을 지키라 이는 나와 너희 사이에 너희 대대의 표징이니 나는 너희를 거룩하게 하는 여호와인 줄 너희가 알게 함이라

레 20:7-8   너희는 스스로 깨끗하게 하여 거룩할지어다 나는 너희의 하나님 여호와이니라 너희는 내 규례를 지켜 행하라 나는 너희를 거룩하게 하는 여호와이니라

레 20:26   너희는 나에게 거룩할지어다 이는 나 여호와가 거룩하고 내가 또 너희를 나의 소유로 삼으려고 너희를 만민 중에서 구별하였음이니라

살전 5:23-24   평강의 하나님이 친히 너희를 온전히 거룩하게 하시고 또 너희의 온 영과 혼과 몸이 우리 주 예수 그리스도께서 강림하실 때에 흠 없게 보전되기를 원하노라 너희를 부르시는 이는 미쁘시니 그가 또한 이루시리라

벧전 2:9   그러나 너희는 택하신 족속이요 왕 같은 제사장들이요 거룩한 나라요 그의 소유가 된 백성이니 이는 너희를 어두운 데서 불러 내어 그의 기이한 빛에 들어가게 하신 이의 아름다운 덕을 선포하게 하려 하심이라

💙 **고백 (2-3분)** – 우리가 죄를 품고 있으면 하나님은 우리 기도를 듣지 않으십니다.
이 시간은 조용히 침묵하는 가운데 우리의 죄를 고백하는 기도를 하겠습니다. (2-3분 후)
만일 우리가 우리 죄를 자백하면 하나님께서는 신실하시고 의로우심으로 우리 죄를 용서하시고 모든 불의에서 우리를 깨끗케 하신다고 하신 말씀대로 우리의 죄가 그리스도의 보혈로 깨끗하게 씻겨졌음을 믿습니다. 이제 우리를 온전히 다스리시고, 성령으로 충만케 하여 주시옵소서. 아멘!

💙 **감사 (5-8분)** – 이제 기도 응답에 대하여 하나님께 감사기도를 드리겠습니다(이 시간에 간구는 하지 않습니다.).

자녀 이름: 자녀 이름:

♥ **중보(30-40분)** – (대화식 합심기도는 언제나 짧고 Short, 간단하게 Simple, 구체적으로 Specific 합니다.)

① 이제 우리 자녀를 위해 중보기도하겠습니다.

♡ 먼저 ○○를 위해 성구기도하겠습니다.

평강의 하나님, 친히 _____를 온전히 거룩하게 하시고 또 _____의 온 영과 혼과 몸을 흠 없게 보전하여 주소서(살전 5:23).

성구 확장 기도

♡ ○○를 위해 구체적인 기도를 하겠습니다.

자녀 이름:	자녀 이름:

② 학교 선생님을 위해 기도하겠습니다.

신자일 때: 평강의 하나님이 모든 선한 일에 _____ 선생님을 온전케 하사 주님의 뜻을 행하게 하시고 그 앞에 즐거운 것을 예수 그리스도로 말미암아 우리 자녀들 속에 이루는 축복의 통로가 되게 하소서(히 13:21).

불신자일 때: _____ 선생님이 주 예수를 믿어 선생님과 선생님의 집이 구원을 받게 하소서 (행 16:31).

구체적인 기도 제목: _____

③ 학교를 위해 기도하겠습니다. _____

④ 주일학교 선생님을 위해 기도하겠습니다. _____

⑤ 주일학교 주요 사안(주일학교 부서)을 위해 기도하겠습니다. _____

⑥ 기도하는 엄마들 사역을 위해 기도달력으로 기도하겠습니다(당월 기도달력을 홈페이지에서 다운받아 모일 때마다 한 주 분씩 기도해 주십시오. www.mip.or.kr).

♥ **마무리** – 오늘도 우리의 기도를 들으시는 하나님께 감사와 영광을 올려드리며 예수님의 이름으로 기도드립니다. 아멘!

♥ 모임 내에서 기도한 내용은 모임 안에 남아야 함을 잊지 마십시오!!

6주 ♥ 여호와 – 스스로 존재하시는 분

한국 기도하는 엄마들 ・날짜: 20____년 ____월 ____일 (____요일) ____시

♥ **찬양(8-10분)** – 이제 **여호와 – 스스로 존재하시는 분**을 선포하고 찬양하겠습니다(하나님의 속성, 이름, 성품으로 하나님을 찬양하십시오. 이 시간은 기도 응답이나 기도 제목을 나누는 시간이 아닙니다. 찬양만 하십시오.).

'여호와'라는 이름은 구약 성경에서 가장 많이 사용되고 있습니다. 오늘날 우리를 위한 축복의 이름 여호와는 영원히 스스로 존재하시는 알파요, 오메가이십니다. 아브라함이 태어나기 전부터 계신 예수님은 스스로 존재하시는 분입니다. 스스로 존재하시는 여호와는 자비로우십니다. 은혜로우십니다. 노하기를 더디하십니다. 그러니 안심하고 여호와께 믿음의 기도로 나아갑시다!

출 3:14-15   하나님이 모세에게 이르시되 나는 스스로 있는 자이니라 또 이르시되 너는 이스라엘 자손에게 이같이 이르기를 스스로 있는 자가 나를 너희에게 보내셨다 하라 하나님이 또 모세에게 이르시되 너는 이스라엘 자손에게 이같이 이르기를 너희 조상의 하나님 여호와 곧 아브라함의 하나님, 이삭의 하나님, 야곱의 하나님께서 나를 너희에게 보내셨다 하라 이는 나의 영원한 이름이요 대대로 기억할 나의 칭호니라

렘 16:19-21   여호와 나의 힘, 나의 요새, 환난날의 피난처시여 민족들이 땅 끝에서 주께 이르러 말하기를 우리 조상들의 계승한 바는 허망하고 거짓되고 무익한 것뿐이라 사람이 어찌 신 아닌 것을 자기의 신으로 삼겠나이까 하리이다 여호와께서 이르시되 보라 이번에 그들에게 내 손과 내 능력을 알려서 그들로 내 이름이 여호와인 줄 알게 하리라

요 8:58   예수께서 이르시되 진실로 진실로 너희에게 이르노니 아브라함이 나기 전부터 내가 있느니라 하시니

출 34:5-6   여호와께서 구름 가운데에 강림하사 그와 함께 거기 서서 여호와의 이름을 선포하실새 여호와께서 그의 앞으로 지나시며 선포하시되 여호와라 여호와라 자비롭고 은혜롭고 노하기를 더디하고 인자와 진실이 많은 하나님이라

♥ **고백(2-3분)** – 우리가 죄를 품고 있으면 하나님은 우리 기도를 듣지 않으십니다.
이 시간은 조용히 침묵하는 가운데 우리의 죄를 고백하는 기도를 하겠습니다. (2-3분 후)
만일 우리가 우리 죄를 자백하면 하나님께서는 신실하시고 의로우심으로 우리 죄를 용서하시고 모든 불의에서 우리를 깨끗케 하신다고 하신 말씀대로 우리의 죄가 그리스도의 보혈로 깨끗하게 씻겨졌음을 믿습니다. 이제 우리를 온전히 다스리시고, 성령으로 충만케 하여 주시옵소서. 아멘!

♥ **감사(5-8분)** – 이제 기도 응답에 대하여 하나님께 감사기도를 드리겠습니다(이 시간에 간구는 하지 않습니다.).

자녀 이름: 자녀 이름:

♥ **중보 (30-40분)** – (대화식 합심기도는 언제나 짧고 Short, 간단하게 Simple, 구체적으로 Specific 합니다.)

① **이제 우리 자녀를 위해 중보기도하겠습니다.**

♡ **먼저 ○○를 위해 성구기도하겠습니다.**

_____가 여호와는 스스로 계시는 분이시며(출 3:14), 자비롭고 은혜롭고 노하기를 더디하시고 인자와 진실이 많으신 하나님이심을 믿게 하소서(출 34:6).

성구 확장 기도

♡ **○○를 위해 구체적인 기도를 하겠습니다.**

자녀 이름:	자녀 이름:

② **학교 선생님을 위해 기도하겠습니다.**

신자일 때: 평강의 하나님이 모든 선한 일에 _____ 선생님을 온전케 하사 주님의 뜻을 행하게 하시고 그 앞에 즐거운 것을 예수 그리스도로 말미암아 우리 자녀들 속에 이루는 축복의 통로가 되게 하소서(히 13:21).

불신자일 때: _____ 선생님이 주 예수를 믿어 선생님과 선생님의 집이 구원을 받게 하소서 (행 16:31).

구체적인 기도 제목: _____

③ **학교를 위해 기도하겠습니다.** _____

④ **주일학교 선생님을 위해 기도하겠습니다.** _____

⑤ **주일학교 주요 사안(주일학교 부서)을 위해 기도하겠습니다.** _____

⑥ **기도하는 엄마들 사역을 위해 기도달력으로 기도하겠습니다**(당월 기도달력을 홈페이지에서 다운받아 모일 때마다 한 주 분씩 기도해 주십시오. www.mip.or.kr).

♥ **마무리** – 오늘도 우리의 기도를 들으시는 하나님께 감사와 영광을 올려드리며 예수님의 이름으로 기도드립니다. 아멘!

♥ 모임 내에서 기도한 내용은 모임 안에 남아야 함을 잊지 마십시오!!

7주 ♥ 아도나이(Adonai) – 주(主) 되시는 하나님

한국 기도하는 엄마들 • 날짜: 20___년 ___월 ___일 (___요일) ___시

♥ **찬양**(8-10분) – 이제 아도나이(Adonai) – 주(主) 되시는 하나님을 선포하고 찬양하겠습니다(하나님의 속성, 이름, 성품으로 하나님을 찬양하십시오. 이 시간은 기도 응답이나 기도 제목을 나누는 시간이 아닙니다. 찬양만 하십시오.).

'아도나이'는 하나님이 나를 전적으로 소유하고 계시며 그러기에 그분께 내가 그의 소유된 백성으로서 전적으로 복종해야 함을 가르쳐 주는 이름입니다. 예수님께서는 "어찌하여 너희는 나더러 '주님, 주님!' 하면서도, 내가 말하는 것은 행하지 않느냐?"(눅 6:46) 하시며 안타까워하셨습니다. 우리는 예수 그리스도의 보혈로 사신 바 된 주의 종들이니 사나 죽으나 주의 것입니다. 그러므로 살아도 주를 위하여 살고 죽어도 주를 위하여 죽습니다. 할렐루야!

신 10:17	너희의 하나님 여호와는 신 가운데 신이시며 주 가운데 주시요 크고 능하시며 두려우신 하나님이시라 사람을 외모로 보지 아니하시며 뇌물을 받지 아니하시고
시 16:2	내가 여호와께 아뢰되 주는 나의 주님이시오니 주 밖에는 나의 복이 없다 하였나이다
롬 10:9	네가 만일 네 입으로 예수를 주로 시인하며 또 하나님께서 그를 죽은 자 가운데서 살리신 것을 네 마음에 믿으면 구원을 받으리라
롬 14:8-9	우리가 살아도 주를 위하여 살고 죽어도 주를 위하여 죽나니 그러므로 사나 죽으나 우리가 주의 것이로다 이를 위하여 그리스도께서 죽었다가 다시 살아나셨으니 곧 죽은 자와 산 자의 주가 되려 하심이라
빌 2:9-11	이러므로 하나님이 그를 지극히 높여 모든 이름 위에 뛰어난 이름을 주사 하늘에 있는 자들과 땅에 있는 자들과 땅 아래에 있는 자들로 모든 무릎을 예수의 이름에 꿇게 하시고 모든 입으로 예수 그리스도를 주라 시인하여 하나님 아버지께 영광을 돌리게 하셨느니라

♥ **고백**(2-3분) – 우리가 죄를 품고 있으면 하나님은 우리 기도를 듣지 않으십니다.
이 시간은 조용히 침묵하는 가운데 우리의 죄를 고백하는 기도를 하겠습니다. (2-3분 후)
만일 우리가 우리 죄를 자백하면 하나님께서는 신실하시고 의로우심으로 우리 죄를 용서하시고 모든 불의에서 우리를 깨끗케 하신다고 하신 말씀대로 우리의 죄가 그리스도의 보혈로 깨끗하게 씻겨졌음을 믿습니다. 이제 우리를 온전히 다스리시고, 성령으로 충만케 하여 주시옵소서. 아멘!

♥ **감사**(5-8분) – 이제 기도 응답에 대하여 하나님께 감사기도를 드리겠습니다(이 시간에 간구는 하지 않습니다.).

자녀 이름:	자녀 이름:

♥ **중보(30-40분)** – (대화식 합심기도는 언제나 짧고 Short, 간단하게 Simple, 구체적으로 Specific 합니다.)

① 이제 우리 자녀를 위해 중보기도하겠습니다.

♡ 먼저 ○○를 위해 성구기도하겠습니다.

아도나이 하나님, _____가 살아도 주를 위하여 살고, 죽어도 주를 위하여 죽게 하소서(롬 14:8).

성구 확장 기도

♡ ○○를 위해 구체적인 기도를 하겠습니다.

자녀 이름:	자녀 이름:

② 학교 선생님을 위해 기도하겠습니다.

신자일 때: 평강의 하나님이 모든 선한 일에 _____ 선생님을 온전케 하사 주님의 뜻을 행하게 하시고 그 앞에 즐거운 것을 예수 그리스도로 말미암아 우리 자녀들 속에 이루는 축복의 통로가 되게 하소서(히 13:21).

불신자일 때: _____ 선생님이 주 예수를 믿어 선생님과 선생님의 집이 구원을 받게 하소서(행 16:31).

구체적인 기도 제목: _____

③ 학교를 위해 기도하겠습니다. _____

④ 주일학교 선생님을 위해 기도하겠습니다. _____

⑤ 주일학교 주요 사안(주일학교 부서)을 위해 기도하겠습니다. _____

⑥ 기도하는 엄마들 사역을 위해 기도달력으로 기도하겠습니다(당월 기도달력을 홈페이지에서 다운받아 모일 때마다 한 주 분씩 기도해 주십시오. **www.mip.or.kr**).

♥ **마무리** – 오늘도 우리의 기도를 들으시는 하나님께 감사와 영광을 올려드리며 예수님의 이름으로 기도드립니다. 아멘!

♥ 모임 내에서 기도한 내용은 모임 안에 남아야 함을 잊지 마십시오!!

8주 ♥ 엘 올람(El Olam) - 영원하신 하나님

한국 기도하는 엄마들　　　　　　　　　　　• 날짜: 20___년 ___월 ___일 (___요일) ___시

♥ **찬양**(8-10분) – 이제 엘 올람(El Olam) – 영원하신 하나님을 선포하고 찬양하겠습니다(하나님의 속성, 이름, 성품으로 하나님을 찬양하십시오. 이 시간은 기도 응답이나 기도 제목을 나누는 시간이 아닙니다. 찬양만 하십시오.).

'엘 올람'은 시간을 초월하신 하나님의 광대하심을 선포하는 이름입니다. 우리는 우리 임의대로 기한을 정해 놓고 그때까지 하나님의 응답을 기다리며 그 시간 내에 아무런 일이 일어나지 않을 때 하나님을 원망하거나 절망하곤 합니다. 그러나 모든 때와 기한은 하나님의 시간표에 달려 있습니다(단 2:21). '엘 올람'의 하나님께는 시간적인 한계가 없습니다. 유한한 인간인 나의 시간표에 얽매이지 말고, 영원하신 하나님의 이름 '엘 올람'을 부르며 믿음의 기도로 영원하신 하나님께 나아갑시다.

창 21:33　　아브라함은 브엘세바에 에셀 나무를 심고 거기서 영원하신 여호와의 이름을 불렀으며

신 32:39-40　이제는 나 곧 내가 그인 줄 알라 나 외에는 신이 없도다 나는 죽이기도 하며 살리기도 하며 상하게도 하며 낫게도 하나니 내 손에서 능히 빼앗을 자가 없도다 이는 내가 하늘을 향하여 내 손을 들고 말하기를 내가 영원히 살리라 하였노라

신 33:27　　영원하신 하나님이 네 처소가 되시니 그의 영원하신 팔이 네 아래에 있도다 그가 네 앞에서 대적을 쫓으시며 멸하라 하시도다

시 93:2　　주의 보좌는 예로부터 견고히 섰으며 주는 영원부터 계셨나이다

사 26:4　　너희는 여호와를 영원히 신뢰하라 주 여호와는 영원한 반석이심이로다

사 40:28　　너는 알지 못하였느냐 듣지 못하였느냐 영원하신 하나님 여호와, 땅 끝까지 창조하신 이는 피곤하지 않으시며 곤비하지 않으시며 명철이 한이 없으시며

♥ **고백**(2-3분) – 우리가 죄를 품고 있으면 하나님은 우리 기도를 듣지 않으십니다.
이 시간은 조용히 침묵하는 가운데 우리의 죄를 고백하는 기도를 하겠습니다. (2-3분 후)
만일 우리가 우리 죄를 자백하면 하나님께서는 신실하시고 의로우심으로 우리 죄를 용서하시고 모든 불의에서 우리를 깨끗케 하신다고 하신 말씀대로 우리의 죄가 그리스도의 보혈로 깨끗하게 씻겨졌음을 믿습니다. 이제 우리를 온전히 다스리시고, 성령으로 충만케 하여 주시옵소서. 아멘!

♥ **감사**(5-8분) – 이제 기도 응답에 대하여 하나님께 감사기도를 드리겠습니다(이 시간에 간구는 하지 않습니다.).

자녀 이름:　　　　　　　　　　　　　　자녀 이름:

♥ **중보 (30-40분)** – (대화식 합심기도는 언제나 짧고 Short, 간단하게 Simple, 구체적으로 Specific 합니다.)

① **이제 우리 자녀를 위해 중보기도하겠습니다.**

♡ **먼저 ○○를 위해 성구기도하겠습니다.**

_____가 여호와를 영원히 신뢰하게 하소서. 주 여호와는 _____의 영원한 반석이심을 믿으며 평생 살게 하소서(사 26:4).

성구 확장 기도

♡ **○○를 위해 구체적인 기도를 하겠습니다.**

자녀 이름: 자녀 이름:

② **학교 선생님을 위해 기도하겠습니다.**

신자일 때: 평강의 하나님이 모든 선한 일에 _____ 선생님을 온전케 하사 주님의 뜻을 행하게 하시고 그 앞에 즐거운 것을 예수 그리스도로 말미암아 우리 자녀들 속에 이루는 축복의 통로가 되게 하소서(히 13:21).

불신자일 때: _____ 선생님이 주 예수를 믿어 선생님과 선생님의 집이 구원을 받게 하소서 (행 16:31).

구체적인 기도 제목: _____

③ **학교를 위해 기도하겠습니다.** _____

④ **주일학교 선생님을 위해 기도하겠습니다.** _____

⑤ **주일학교 주요 사안(주일학교 부서)을 위해 기도하겠습니다.** _____

⑥ **기도하는 엄마들 사역을 위해 기도달력으로 기도하겠습니다**(당월 기도달력을 홈페이지에서 다운받아 모일 때마다 한 주 분씩 기도해 주십시오. **www.mip.or.kr**).

♥ **마무리** – 오늘도 우리의 기도를 들으시는 하나님께 감사와 영광을 올려드리며 예수님의 이름으로 기도드립니다. 아멘!

♥ 모임 내에서 기도한 내용은 모임 안에 남아야 함을 잊지 마십시오!!

8주 ♥ 엘 올람(El Olam) – 영원하신 하나님

기도하는 엄마들 **기도일지 ❷**

_____ 년 _____ 월 기도달력

♥ MEMO ♥

9주 ♥ 엘 엘리온(El Elyon) – 지극히 높으신 하나님

한국 기도하는 엄마들 • 날짜: 20____년 ____월 ____일 (____요일) ____시

♥ **찬양** (8-10분) – 이제 엘 엘리온(El Elyon) – 지극히 높으신 하나님을 선포하고 찬양하겠습니다(하나님의 속성, 이름, 성품으로 하나님을 찬양하십시오. 이 시간은 기도 응답이나 기도 제목을 나누는 시간이 아닙니다. 찬양만 하십시오.).

하나님은 온 우주의 주권적 통치자이십니다. 우주 가운데 그 어떠한 일도 하나님의 허락 없이는 일어날 수 없습니다. 지금 우리가 어떠한 어려움 가운데 처해 있다 할지라도 지극히 높으신 하나님께서 다 알고 계시며, 결국은 우리의 유익을 위해서 허락하신 것입니다. '엘 엘리온'께서 우리에게 끝내 예비하신 복을 주신다는 것을 기억한다면, 지금 우리는 이 어려운 상황에도 불구하고 감사하고 기뻐하며 지극히 높으신 하나님을 찬양할 수 있습니다.

창 14:19-20   그가 아브람에게 축복하여 이르되 천지의 주재이시요 지극히 높으신 하나님이여 아브람에게 복을 주옵소서 너희 대적을 네 손에 붙이신 지극히 높으신 하나님을 찬송할지로다 하매 아브람이 그 얻은 것에서 십분의 일을 멜기세덱에게 주었더라

시 7:17   내가 여호와께 그의 의를 따라 감사함이여 지존하신 여호와의 이름을 찬양하리로다

시 92:1-3   지존자여 십현금과 비파와 수금으로 여호와께 감사하며 주의 이름을 찬양하고 아침마다 주의 인자하심을 알리며 밤마다 주의 성실하심을 베풂이 좋으니이다

시 97:9   여호와여 주는 온 땅 위에 지존하시고 모든 신들보다 위에 계시니이다

단 4:34   그 기한이 차매 나 느부갓네살이 하늘을 우러러 보았더니 내 총명이 다시 내게로 돌아온지라 이에 내가 지극히 높으신 이에게 감사하며 영생하시는 이를 찬양하고 경배하였나니 그 권세는 영원한 권세요 그 나라는 대대에 이르리로다

신 32:39   이제는 나 곧 내가 그인 줄 알라 나 외에는 신이 없도다 나는 죽이기도 하며 살리기도 하며 상하게도 하며 낫게도 하나니 내 손에서 능히 빼앗을 자가 없도다

♥ **고백** (2-3분) – 우리가 죄를 품고 있으면 하나님은 우리 기도를 듣지 않으십니다.
이 시간은 조용히 침묵하는 가운데 우리의 죄를 고백하는 기도를 하겠습니다. (2-3분 후)
만일 우리가 우리 죄를 자백하면 하나님께서는 신실하시고 의로우심으로 우리 죄를 용서하시고 모든 불의에서 우리를 깨끗게 하신다고 하신 말씀대로 우리의 죄가 그리스도의 보혈로 깨끗하게 씻겨졌음을 믿습니다. 이제 우리를 온전히 다스리시고, 성령으로 충만케 하여 주시옵소서. 아멘!

♥ **감사** (5-8분) – 이제 기도 응답에 대하여 하나님께 감사기도를 드리겠습니다(이 시간에 간구는 하지 않습니다.).

자녀 이름: 자녀 이름:

♥ **중보 (30-40분)** – (대화식 합심기도는 언제나 짧고 Short, 간단하게 Simple, 구체적으로 Specific 합니다.)

① 이제 우리 자녀를 위해 중보기도하겠습니다.

♡ 먼저 ○○를 위해 성구기도하겠습니다.

_____가 하나님의 의를 따라 감사하고, 그 입술로 지존하신 여호와의 이름 '엘 엘리온'을 찬양하게 하소서(시 7:17).

성구 확장 기도

♡ ○○를 위해 구체적인 기도를 하겠습니다.

자녀 이름:	자녀 이름:

② 학교 선생님을 위해 기도하겠습니다.

신자일 때: 평강의 하나님이 모든 선한 일에 _____ 선생님을 온전케 하사 주님의 뜻을 행하게 하시고 그 앞에 즐거운 것을 예수 그리스도로 말미암아 우리 자녀들 속에 이루는 축복의 통로가 되게 하소서(히 13:21).

불신자일 때: _____ 선생님이 주 예수를 믿어 선생님과 선생님의 집이 구원을 받게 하소서 (행 16:31).

구체적인 기도 제목: _____

③ 학교를 위해 기도하겠습니다. _____

④ 주일학교 선생님을 위해 기도하겠습니다. _____

⑤ 주일학교 주요 사안(주일학교 부서)을 위해 기도하겠습니다. _____

⑥ 기도하는 엄마들 사역을 위해 기도달력으로 기도하겠습니다(당월 기도달력을 홈페이지에서 다운받아 모일 때마다 한 주 분씩 기도해 주십시오. **www.mip.or.kr**).

♥ **마무리** – 오늘도 우리의 기도를 들으시는 하나님께 감사와 영광을 올려드리며 예수님의 이름으로 기도드립니다. 아멘!

♥ 모임 내에서 기도한 내용은 모임 안에 남아야 함을 잊지 마십시오!!

10주 ♥ 엘로힘(Elohim) – 삼위일체, 창조주 하나님

한국 기도하는 엄마들   • 날짜: 20____년____월____일(____요일)____시

♥ 찬양(8-10분) – 이제 **엘로힘(Elohim) – 삼위일체, 창조주 하나님**을 선포하고 찬양하겠습니다(하나님의 속성, 이름, 성품으로 하나님을 찬양하십시오. 이 시간은 기도 응답이나 기도 제목을 나누는 시간이 아닙니다. 찬양만 하십시오.).

'엘로힘'을 아는 것은 우리에게 두 가지 사실을 가르쳐 줍니다. 첫째는 우리가 하나님의 영광 곧 기쁨을 위해 지음 받았다는 것이고, 둘째는 창조주 하나님의 뜻을 이루며 살아야 한다는 것입니다.

창 1:1   태초에 하나님이 천지를 창조하시니라

시 95:5-6   바다도 그의 것이라 그가 만드셨고 육지도 그의 손이 지으셨도다 오라 우리가 굽혀 경배하며 우리를 지으신 여호와 앞에 무릎을 꿇자

시 146:5-6   야곱의 하나님을 자기의 도움으로 삼으며 여호와 자기 하나님에게 자기의 소망을 두는 자는 복이 있도다 여호와는 천지와 바다와 그 중의 만물을 지으시며 영원히 진실함을 지키시며

사 40:28-29   너는 알지 못하였느냐 듣지 못하였느냐 영원하신 하나님 여호와, 땅 끝까지 창조하신 이는 피곤하지 않으시며 곤비하지 않으시며 명철이 한이 없으시며 피곤한 자에게는 능력을 주시며 무능한 자에게는 힘을 더하시나니

렘 10:12   여호와께서 그의 권능으로 땅을 지으셨고 그의 지혜로 세계를 세우셨고 그의 명철로 하늘을 펴셨으며

요 1:3   만물이 그로 말미암아 지은 바 되었으니 지은 것이 하나도 그가 없이는 된 것이 없느니라

♥ 고백(2-3분) – 우리가 죄를 품고 있으면 하나님은 우리 기도를 듣지 않으십니다.
이 시간은 조용히 침묵하는 가운데 우리의 죄를 고백하는 기도를 하겠습니다. (2-3분 후)
만일 우리가 우리 죄를 자백하면 하나님께서는 신실하시고 의로우심으로 우리 죄를 용서하시고 모든 불의에서 우리를 깨끗케 하신다고 하신 말씀대로 우리의 죄가 그리스도의 보혈로 깨끗하게 씻겨졌음을 믿습니다. 이제 우리를 온전히 다스리시고, 성령으로 충만케 하여 주시옵소서. 아멘!

♥ 감사(5-8분) – 이제 기도 응답에 대하여 하나님께 감사기도를 드리겠습니다(이 시간에 간구는 하지 않습니다.).

자녀 이름: 자녀 이름:

♥ **중보 (30-40분)** – (대화식 합심기도는 언제나 짧고 Short, 간단하게 Simple, 구체적으로 Specific 합니다.)

① 이제 우리 자녀를 위해 중보기도하겠습니다.

♡ 먼저 ○○를 위해 성구기도하겠습니다.

바다도 창조주 하나님의 것입니다. 하나님께서 만드셨기 때문입니다. 육지도 창조주 하나님의 것입니다. 하나님의 손이 지으셨기 때문입니다. _____가 굽혀 경배하며 자기를 지으신 여호와 앞에 무릎을 꿇게 하소서(시 95:5-6).

성구 확장 기도

♡ ○○를 위해 구체적인 기도를 하겠습니다.

자녀 이름:	자녀 이름:

② 학교 선생님을 위해 기도하겠습니다.

신자일 때: 평강의 하나님이 모든 선한 일에 _____ 선생님을 온전케 하사 주님의 뜻을 행하게 하시고 그 앞에 즐거운 것을 예수 그리스도로 말미암아 우리 자녀들 속에 이루는 축복의 통로가 되게 하소서(히 13:21).

불신자일 때: _____ 선생님이 주 예수를 믿어 선생님과 선생님의 집이 구원을 받게 하소서 (행 16:31).

구체적인 기도 제목: _____

③ 학교를 위해 기도하겠습니다. _____

④ 주일학교 선생님을 위해 기도하겠습니다. _____

⑤ 주일학교 주요 사안(주일학교 부서)을 위해 기도하겠습니다. _____

⑥ 기도하는 엄마들 사역을 위해 기도달력으로 기도하겠습니다(당월 기도달력을 홈페이지에서 다운받아 모일 때마다 한 주 분씩 기도해 주십시오. **www.mip.or.kr**).

♥ **마무리** – 오늘도 우리의 기도를 들으시는 하나님께 감사와 영광을 올려드리며 예수님의 이름으로 기도드립니다. 아멘!

♥ 모임 내에서 기도한 내용은 모임 안에 남아야 함을 잊지 마십시오!!

11주 ♥ 엘 로이(El Roi) – 보시는 하나님

한국 기도하는 엄마들 • 날짜: 20____년 ____월 ____일 (____요일) ____시

♥ **찬양**(8-10분) – 이제 엘 로이(El Roi) – 보시는 하나님을 선포하고 찬양하겠습니다(하나님의 속성, 이름, 성품으로 하나님을 찬양하십시오. 이 시간은 기도 응답이나 기도 제목을 나누는 시간이 아닙니다. 찬양만 하십시오.).

'엘 로이' 하나님은 우리의 외모를 넘어 중심을 보시며, 우리의 안위를 돌아보시는 인자하시고 자비로우시고 은혜로우신 분입니다. 주님은 우리의 모든 고난을 살피시며 환난 중에 있는 내 영혼을 아시며 우리의 필요를 굽어살피십니다. 우리의 모든 필요를 영광 가운데 채우기 원하십니다. 그렇게 하실 수 있는 능력을 갖추고 계신 분입니다.

창 16:13 하갈이 자기에게 이르신 여호와의 이름을 나를 살피시는 하나님이라 하였으니 이는 내가 어떻게 여기서 나를 살피시는 하나님을 뵈었는고 함이라

출 4:31 백성이 믿으며 여호와께서 이스라엘 자손을 찾으시고 그들의 고난을 살피셨다 함을 듣고 머리 숙여 경배하였더라

삼상 16:7 여호와께서 사무엘에게 이르시되 그의 용모와 키를 보지 말라 내가 이미 그를 버렸노라 내가 보는 것은 사람과 같지 아니하니 사람은 외모를 보거니와 나 여호와는 중심을 보느니라 하시더라

시 31:7 내가 주의 인자하심을 기뻐하며 즐거워할 것은 주께서 나의 고난을 보시고 환난 중에 있는 내 영혼을 아셨으며

시 33:13-15 여호와께서 하늘에서 굽어보사 모든 인생을 살피심이여 곧 그가 거하시는 곳에서 세상의 모든 거민들을 굽어살피시는도다 그는 그들 모두의 마음을 지으시며 그들이 하는 일을 굽어살피시는 이로다

시 139:16 내 형질이 이루어지기 전에 주의 눈이 보셨으며 나를 위하여 정한 날이 하루도 되기 전에 주의 책에 다 기록이 되었나이다

♥ **고백** (2-3분) – 우리가 죄를 품고 있으면 하나님은 우리 기도를 듣지 않으십니다.
이 시간은 조용히 침묵하는 가운데 우리의 죄를 고백하는 기도를 하겠습니다. (2-3분 후)
만일 우리가 우리 죄를 자백하면 하나님께서는 신실하시고 의로우심으로 우리 죄를 용서하시고 모든 불의에서 우리를 깨끗케 하신다고 하신 말씀대로 우리의 죄가 그리스도의 보혈로 깨끗하게 씻겨졌음을 믿습니다. 이제 우리를 온전히 다스리시고, 성령으로 충만케 하여 주시옵소서. 아멘!

♥ **감사** (5-8분) – 이제 기도 응답에 대하여 하나님께 감사기도를 드리겠습니다(이 시간에 간구는 하지 않습니다.).

자녀 이름: 자녀 이름:

♥ **중보 (30-40분)** – (대화식 합심기도는 언제나 짧고 Short, 간단하게 Simple, 구체적으로 Specific 합니다.)

① 이제 우리 자녀를 위해 중보기도하겠습니다.

♡ 먼저 ○○를 위해 성구기도하겠습니다.

_____가 사람을 볼 때 중심을 보시는 하나님과 같이 외모를 넘어 그 사람의 중심을 보고 그 사람을 살펴주는 영적 통찰력을 갖게 하소서(삼상 16:7).

성구 확장 기도

♡ ○○를 위해 구체적인 기도를 하겠습니다.

자녀 이름:	자녀 이름:

② 학교 선생님을 위해 기도하겠습니다.

신자일 때: 평강의 하나님이 모든 선한 일에 _____ 선생님을 온전케 하사 주님의 뜻을 행하게 하시고 그 앞에 즐거운 것을 예수 그리스도로 말미암아 우리 자녀들 속에 이루는 축복의 통로가 되게 하소서(히 13:21).

불신자일 때: _____ 선생님이 주 예수를 믿어 선생님과 선생님의 집이 구원을 받게 하소서 (행 16:31).

구체적인 기도 제목: _____

③ 학교를 위해 기도하겠습니다. _____

④ 주일학교 선생님을 위해 기도하겠습니다. _____

⑤ 주일학교 주요 사안(주일학교 부서)을 위해 기도하겠습니다. _____

⑥ 기도하는 엄마들 사역을 위해 기도달력으로 기도하겠습니다(당월 기도달력을 홈페이지에서 다운받아 모일 때마다 한 주 분씩 기도해 주십시오. www.mip.or.kr).

♥ **마무리** – 오늘도 우리의 기도를 들으시는 하나님께 감사와 영광을 올려드리며 예수님의 이름으로 기도드립니다. 아멘!

♥ 모임 내에서 기도한 내용은 모임 안에 남아야 함을 잊지 마십시오!!

♡ 기도하는 엄마들 기도일지 ❷ ♡

Ⅱ
하나님의 속성 및 사역

12주♡ 선하신 하나님
___년 ___ 월 기도달력

13주♡ 지혜로우신 하나님
14주♡ 거룩하신 하나님
15주♡ 신실하신 하나님
16주♡ 도우시는 하나님
___년 ___ 월 기도달력

17주♡ 의뢰할 분이신 하나님
18주♡ 기쁨 되시는 하나님

19주♡ 기적을 행하시는 하나님
20주♡ 빛 되신 하나님
___년 ___ 월 기도달력

21주♡ 아버지 하나님
22주♡ 친구 되시는 예수님
23주♡ 지도하시는 하나님
24주♡ 들으시는 하나님
___년 ___ 월 기도달력

12주 ♥ 선하신 하나님

한국 기도하는 엄마들

• 날짜: 20____년 ____월 ____일 (____요일) ____시

♥ **찬양** (8-10분) – 이제 **선하신 하나님**을 선포하고 **찬양하겠습니다**(하나님의 속성, 이름, 성품으로 하나님을 찬양하십시오. 이 시간은 기도 응답이나 기도 제목을 나누는 시간이 아닙니다. 찬양만 하십시오.).

하나님은 본질적으로 완전하게 선하신 분입니다. 주는 선하사 우리의 죄 용서하기를 즐거워하십니다. 주께 부르짖는 자에게 인자하심이 후하십니다. 혹시 죄짐을 지고 무겁게 눌려 있는데 감히 주께 나오지 못하고 계십니까? 이제 안심하고 선하신 주께 나가 죄짐을 모두 내려놓으십시오. 주의 선하심을 맛보아 아십시오. 선하신 주께 피하는 자는 복이 있습니다.

시 25:7-9   여호와여 내 젊은 시절의 죄와 허물을 기억하지 마시고 주의 인자하심을 따라 주께서 나를 기억하시되 주의 선하심으로 하옵소서 여호와는 선하시고 정직하시니 그러므로 그의 도로 죄인들을 교훈하시리로다 온유한 자를 정의로 지도하심이여 온유한 자에게 그의 도를 가르치시리로다

시 34:8   너희는 여호와의 선하심을 맛보아 알지어다 그에게 피하는 자는 복이 있도다

시 86:5   주는 선하사 사죄하기를 즐거워하시며 주께 부르짖는 자에게 인자함이 후하심이니이다

시 136:1   여호와께 감사하라 그는 선하시며 그 인자하심이 영원함이로다

나 1:7   여호와는 선하시며 환난 날에 산성이시라 그는 자기에게 피하는 자들을 아시느니라

요 10:11   나는 선한 목자라 선한 목자는 양들을 위하여 목숨을 버리거니와

시 143:10   주는 나의 하나님이시니 나를 가르쳐 주의 뜻을 행하게 하소서 주의 영은 선하시니 나를 공평한 땅에 인도하소서

♥ **고백** (2-3분) – 우리가 죄를 품고 있으면 하나님은 우리 기도를 듣지 않으십니다.
이 시간은 조용히 침묵하는 가운데 우리의 죄를 고백하는 기도를 하겠습니다. (2-3분 후)
만일 우리가 우리 죄를 자백하면 하나님께서는 신실하시고 의로우심으로 우리 죄를 용서하시고 모든 불의에서 우리를 깨끗케 하신다고 하신 말씀대로 우리의 죄가 그리스도의 보혈로 깨끗하게 씻겨졌음을 믿습니다. 이제 우리를 온전히 다스리시고, 성령으로 충만케 하여 주시옵소서. 아멘!

♥ **감사** (5-8분) – 이제 기도 응답에 대하여 하나님께 감사기도를 드리겠습니다(이 시간에 간구는 하지 않습니다.).

자녀 이름: 자녀 이름:

♥ **중보 (30-40분)** – (대화식 합심기도는 언제나 짧고 Short, 간단하게 Simple, 구체적으로 Specific 합니다.)

① **이제 우리 자녀를 위해 중보기도하겠습니다.**

♡ **먼저 ○○를 위해 성구기도하겠습니다.**

여호와는 선하시고 정직하시니 그러므로 주님의 도로 _____를 교훈하소서(시 25:8).

_____가 여호와의 선하심을 맛보아 알게 하소서(시 34:8).

성구 확장 기도

♡ **○○를 위해 구체적인 기도를 하겠습니다.**

자녀 이름:	자녀 이름:

② **학교 선생님을 위해 기도하겠습니다.**

신사일 때: 평강의 하나님이 모든 선한 일에 _____ 선생님을 온전케 하사 수님의 뜻을 행하게 하시고 그 앞에 즐거운 것을 예수 그리스도로 말미암아 우리 자녀들 속에 이루는 축복의 통로가 되게 하소서(히 13:21).

불신자일 때: _____ 선생님이 주 예수를 믿어 선생님과 선생님의 집이 구원을 받게 하소서 (행 16:31).

구체적인 기도 제목: _____

③ **학교를 위해 기도하겠습니다.** _____

④ **주일학교 선생님을 위해 기도하겠습니다.** _____

⑤ **주일학교 주요 사안(주일학교 부서)을 위해 기도하겠습니다.** _____

⑥ **기도하는 엄마들 사역을 위해 기도달력으로 기도하겠습니다**(당월 기도달력을 홈페이지에서 다운받아 모일 때마다 한 주 분씩 기도해 주십시오. www.mip.or.kr).

♥ **마무리** – 오늘도 우리의 기도를 들으시는 하나님께 감사와 영광을 올려드리며 예수님의 이름으로 기도드립니다. 아멘!

♥ 모임 내에서 기도한 내용은 모임 안에 남아야 함을 잊지 마십시오!!

기도하는 엄마들 **기도일지 ②**

_____ 년 _____ 월 기도달력

♥ MEMO ♥

13주 ♥ 지혜로우신 하나님

한국 기도하는 엄마들　　　　　　　　• 날짜: 20___년 ___월 ___일 (___요일) ___시

♥ **찬양**(8-10분) – 이제 **지혜로우신 하나님**을 선포하고 **찬양하겠습니다**(하나님의 속성, 이름, 성품으로 하나님을 찬양하십시오. 이 시간은 기도 응답이나 기도 제목을 나누는 시간이 아닙니다. 찬양만 하십시오.).

하나님의 지혜는 우리로 하여금 지식을 넘어 행동하는 데까지 이르게 해줍니다. 하나님의 지혜는 성결하고 화평합니다. 관용하며 양순합니다. 긍휼과 선한 열매가 가득합니다. 편견과 거짓이 없습니다. 하나님은 그런 지혜를 믿음으로 정직하게 구하는 자에게 후히 주십니다.

잠 2:6-7　　대저 여호와는 지혜를 주시며 지식과 명철을 그 입에서 내심이며 그는 정직한 자를 위하여 완전한 지혜를 예비하시며 행실이 온전한 자에게 방패가 되시나니

롬 16:27　　지혜로우신 하나님께 예수 그리스도로 말미암아 영광이 세세무궁하도록 있을지어다 아멘

잠 3:19　　여호와께서는 지혜로 땅에 터를 놓으셨으며 명철로 하늘을 견고히 세우셨고

단 2:20-21　다니엘이 말하여 이르되 영원부터 영원까지 하나님의 이름을 찬송할 것은 지혜와 능력이 그에게 있음이로다 그는 때와 계절을 바꾸시며 왕들을 폐하시고 왕들을 세우시며 지혜자에게 지혜를 주시고 총명한 자에게 지식을 주시는도다

골 2:2-3　　이는 그들로 마음에 위안을 받고 사랑 안에서 연합하여 확실한 이해의 모든 풍성함과 하나님의 비밀인 그리스도를 깨닫게 하려 함이니 그 안에는 지혜와 지식의 모든 보화가 감추어져 있느니라

약 3:17　　오직 위로부터 난 지혜는 첫째 성결하고 다음에 화평하고 관용하고 양순하며 긍휼과 선한 열매가 가득하고 편견과 거짓이 없나니

시 147:5　　우리 주는 위대하시며 능력이 많으시며 그의 지혜가 무궁하시도다

사 28:29　　이도 만군의 여호와께로부터 난 것이라 그의 경영은 기묘하며 지혜는 광대하니라

♥ **고백**(2-3분) – 우리가 죄를 품고 있으면 하나님은 우리 기도를 듣지 않으십니다.
　　　　　　　이 시간은 조용히 침묵하는 가운데 우리의 죄를 고백하는 기도를 하겠습니다. (2-3분 후)
만일 우리가 우리 죄를 자백하면 하나님께서는 신실하시고 의로우심으로 우리 죄를 용서하시고 모든 불의에서 우리를 깨끗케 하신다고 하신 말씀대로 우리의 죄가 그리스도의 보혈로 깨끗하게 씻겨졌음을 믿습니다. 이제 우리를 온전히 다스리시고, 성령으로 충만케 하여 주시옵소서. 아멘!

♥ **감사**(5-8분) – 이제 기도 응답에 대하여 하나님께 감사기도를 드리겠습니다(이 시간에 간구는 하지 않습니다.).

자녀 이름:　　　　　　　　　　　　　　　자녀 이름:

♥ **중보 (30-40분)** – (대화식 합심기도는 언제나 짧고 Short, 간단하게 Simple, 구체적으로 Specific 합니다.)

① 이제 우리 자녀를 위해 중보기도하겠습니다.

♡ 먼저 ○○를 위해 성구기도하겠습니다.

_____가 일평생 위로부터 난 지혜를 받아 성결하고 화평하고 관용하고 양순하며 긍휼과 선한 열매가 가득하고 편견과 거짓이 없게 하소서(약 3:17).

성구 확장 기도

♡ ○○를 위해 구체적인 기도를 하겠습니다.

자녀 이름:	자녀 이름:

② 학교 선생님을 위해 기도하겠습니다.

신자일 때: 평강의 하나님이 모든 선한 일에 _____ 선생님을 온전케 하사 주님의 뜻을 행하게 하시고 그 앞에 즐거운 것을 예수 그리스도로 말미암아 우리 자녀들 속에 이루는 축복의 통로가 되게 하소서(히 13:21).

불신자일 때: _____ 선생님이 주 예수를 믿어 선생님과 선생님의 집이 구원을 받게 하소서 (행 16:31).

구체적인 기도 제목: _____

③ 학교를 위해 기도하겠습니다. _____

④ 주일학교 선생님을 위해 기도하겠습니다. _____

⑤ 주일학교 주요 사안(주일학교 부서)을 위해 기도하겠습니다. _____

⑥ 기도하는 엄마들 사역을 위해 기도달력으로 기도하겠습니다(당월 기도달력을 홈페이지에서 다운받아 모일 때마다 한 주 분씩 기도해 주십시오. www.mip.or.kr).

♥ **마무리** – 오늘도 우리의 기도를 들으시는 하나님께 감사와 영광을 올려드리며 예수님의 이름으로 기도드립니다. 아멘!

♥ 모임 내에서 기도한 내용은 모임 안에 남아야 함을 잊지 마십시오!!

14주 ♥ 거룩하신 하나님

한국 기도하는 엄마들

• 날짜: 20____년 ____월 ____일 (____요일) ____시

♥ **찬양** (8-10분) – 이제 **거룩하신 하나님을 선포하고 찬양하겠습니다** (하나님의 속성, 이름, 성품으로 하나님을 찬양하십시오. 이 시간은 기도 응답이나 기도 제목을 나누는 시간이 아닙니다. 찬양만 하십시오.).

하나님은 도덕적으로 완전무결하십니다. 우리의 예배를 받으시기에 합당하신 분입니다. 거룩하다 이름하는 이가 말씀하셨습니다. "내가 높고 거룩한 곳에 있으며 또한 통회하고 마음이 겸손한 자와 함께 있나니 이는 겸손한 자의 영을 소생시키며 통회하는 자의 마음을 소생시키려 함이라"(사 57:15). 혹시 마음이 눌려 있습니까? 이 시간 거룩하신 주님께 겸손하게 통회합시다. 거룩하신 주님이 우리의 영과 마음을 소생시키실 것입니다.

시 77:13　하나님이여 주의 도는 극히 거룩하시오니 하나님과 같이 위대하신 신이 누구오니이까

시 111:9　여호와께서 그의 백성을 속량하시며 그의 언약을 영원히 세우셨으니 그의 이름이 거룩하고 지존하시도다

사 57:15　지극히 존귀하며 영원히 거하시며 거룩하다 이름하는 이가 이와 같이 말씀하시되 내가 높고 거룩한 곳에 있으며 또한 통회하고 마음이 겸손한 자와 함께 있나니 이는 겸손한 자의 영을 소생시키며 통회하는 자의 마음을 소생시키려 함이라

눅 1:49　능하신 이가 큰 일을 내게 행하셨으니 그 이름이 거룩하시며

벧전 1:15-16　오직 너희를 부르신 거룩한 이처럼 너희도 모든 행실에 거룩한 자가 되라 기록되었으되 내가 거룩하니 너희도 거룩할지어다 하셨느니라

계 15:4　주여 누가 주의 이름을 두려워하지 아니하며 영화롭게 하지 아니하오리이까 오직 주만 거룩하시니이다 주의 의로우신 일이 나타났으매 만국이 와서 주께 경배하리이다 하더라

♥ **고백** (2-3분) – 우리가 죄를 품고 있으면 하나님은 우리 기도를 듣지 않으십니다.
이 시간은 조용히 침묵하는 가운데 우리의 죄를 고백하는 기도를 하겠습니다. (2-3분 후)
만일 우리가 우리 죄를 자백하면 하나님께서는 신실하시고 의로우심으로 우리 죄를 용서하시고 모든 불의에서 우리를 깨끗케 하신다고 하신 말씀대로 우리의 죄가 그리스도의 보혈로 깨끗하게 씻겨졌음을 믿습니다. 이제 우리를 온전히 다스리시고, 성령으로 충만케 하여 주시옵소서. 아멘!

♥ **감사** (5-8분) – 이제 기도 응답에 대하여 하나님께 감사기도를 드리겠습니다 (이 시간에 간구는 하지 않습니다.).

자녀 이름:　　　　　　　　　　　　　　　　자녀 이름:

♥ **중보(30-40분)** – (대화식 합심기도는 언제나 짧고 Short, 간단하게 Simple, 구체적으로 Specific 합니다.)

① 이제 우리 자녀를 위해 중보기도하겠습니다.

♡ 먼저 ○○를 위해 성구기도하겠습니다.

거룩하신 주님, _____를 부르신 주님이 거룩하신 것처럼 _____도 모든 행실에 거룩한 자가 되게 하소서(벧전 1:15).

성구 확장 기도

♡ ○○를 위해 구체적인 기도를 하겠습니다.

자녀 이름:	자녀 이름:

② 학교 선생님을 위해 기도하겠습니다.

신자일 때: 평강의 하나님이 모든 선한 일에 _____ 선생님을 온전케 하사 주님의 뜻을 행하게 하시고 그 앞에 즐거운 것을 예수 그리스도로 말미암아 우리 자녀들 속에 이루는 축복의 통로가 되게 하소서(히 13:21).

불신자일 때: _____ 선생님이 주 예수를 믿어 선생님과 선생님의 집이 구원을 받게 하소서 (행 16:31).

구체적인 기도 제목: _____

③ 학교를 위해 기도하겠습니다. _____

④ 주일학교 선생님을 위해 기도하겠습니다. _____

⑤ 주일학교 주요 사안(주일학교 부서)을 위해 기도하겠습니다. _____

⑥ 기도하는 엄마들 사역을 위해 기도달력으로 기도하겠습니다(당월 기도달력을 홈페이지에서 다운받아 모일 때마다 한 주 분씩 기도해 주십시오. **www.mip.or.kr**).

♥ **마무리** – 오늘도 우리의 기도를 들으시는 하나님께 감사와 영광을 올려드리며 예수님의 이름으로 기도드립니다. 아멘!

♥ 모임 내에서 기도한 내용은 모임 안에 남아야 함을 잊지 마십시오!!

15주 ♥ 신실하신 하나님

한국 기도하는 엄마들　　　　　　　　　　• 날짜: 20____년 ____월 ____일 (____요일) ____시

♥ **찬양 (8-10분)** – 이제 **신실하신 하나님을 선포하고 찬양하겠습니다**(하나님의 속성, 이름, 성품으로 하나님을 찬양하십시오. 이 시간은 기도 응답이나 기도 제목을 나누는 시간이 아닙니다. 찬양만 하십시오.).

하나님은 성실하시고 진실하십니다. 참으로 신뢰할 만한 분이십니다. 하나님은 자기를 참으로 겸손하게 바라고 기다리는 자들과 믿음으로 구하는 영혼들에게 언약을 이행하시며 인애를 베푸십니다. 혹 심히 어려운 시험을 당하고 계십니까? 신실하신 주께서 오늘도 주를 사랑하고 주의 계명을 지키는 자에게 능히 감당할 힘을 주실 것입니다.

신 7:9　　그런즉 너는 알라 오직 네 하나님 여호와는 하나님이시요 신실하신 하나님이시라 그를 사랑하고 그의 계명을 지키는 자에게는 천 대까지 그의 언약을 이행하시며 인애를 베푸시되

애 3:21-25　이것을 내가 내 마음에 담아 두었더니 그것이 오히려 나의 소망이 되었사옴은 여호와의 인자와 긍휼이 무궁하시므로 우리가 진멸되지 아니함이니이다 이것들이 아침마다 새로우니 주의 성실하심이 크시도소이다 내 심령에 이르기를 여호와는 나의 기업이시니 그러므로 내가 그를 바라리라 하도다 기다리는 자들에게나 구하는 영혼들에게 여호와는 선하시도다

고전 10:13　사람이 감당할 시험 밖에는 너희가 당한 것이 없나니 오직 하나님은 미쁘사 너희가 감당하지 못할 시험 당함을 허락하지 아니하시고 시험 당할 즈음에 또한 피할 길을 내사 너희로 능히 감당하게 하시느니라

딤후 2:13　우리는 미쁨이 없을지라도 주는 항상 미쁘시니 자기를 부인하실 수 없으시리라

요일 1:9　만일 우리가 우리 죄를 자백하면 그는 미쁘시고 의로우사 우리 죄를 사하시며 우리를 모든 불의에서 깨끗하게 하실 것이요

♥ **고백 (2-3분)** – 우리가 죄를 품고 있으면 하나님은 우리 기도를 듣지 않으십니다.
이 시간은 조용히 침묵하는 가운데 우리의 죄를 고백하는 기도를 하겠습니다. (2-3분 후)
만일 우리가 우리 죄를 자백하면 하나님께서는 신실하시고 의로우심으로 우리 죄를 용서하시고 모든 불의에서 우리를 깨끗케 하신다고 하신 말씀대로 우리의 죄가 그리스도의 보혈로 깨끗하게 씻겨졌음을 믿습니다. 이제 우리를 온전히 다스리시고, 성령으로 충만케 하여 주시옵소서. 아멘!

♥ **감사 (5-8분)** – 이제 기도 응답에 대하여 하나님께 감사기도를 드리겠습니다(이 시간에 간구는 하지 않습니다.).

자녀 이름:　　　　　　　　　　　　　　자녀 이름:

_____　　　_____

_____　　　_____

_____　　　_____

_____　　　_____

♥ **중보 (30-40분)** – (대화식 합심기도는 언제나 짧고 Short, 간단하게 Simple, 구체적으로 Specific 합니다.)

① 이제 우리 자녀를 위해 중보기도하겠습니다.

　♡ 먼저 ○○를 위해 성구기도하겠습니다.

　　여호와의 인자와 긍휼이 무궁하시므로 우리가 진멸되지 아니합니다. 이것들이 아침마다 새로우니 주의 성실하심이 크십니다. 여호와는 ＿＿＿＿＿＿의 기업이시니 ＿＿＿＿＿＿가 주님만을 바라게 하소서(애 3:22-24).

　　성구 확장 기도

　♡ ○○를 위해 구체적인 기도를 하겠습니다.

　　자녀 이름:　　　　　　　　　　　　　　자녀 이름:

② 학교 선생님을 위해 기도하겠습니다.

　신자일 때: 평강의 하나님이 모든 선한 일에 ＿＿＿＿＿＿ 선생님을 온전케 하사 주님의 뜻을 행하게 하시고 그 앞에 즐거운 것을 예수 그리스도로 말미암아 우리 자녀들 속에 이루는 축복의 통로가 되게 하소서(히 13:21).

　불신자일 때: ＿＿＿＿＿＿ 선생님이 주 예수를 믿어 선생님과 선생님의 집이 구원을 받게 하소서 (행 16:31).

　구체적인 기도 제목: ＿＿＿＿＿＿＿＿＿＿＿＿＿＿＿＿＿＿＿＿＿＿＿＿＿＿＿＿

③ 학교를 위해 기도하겠습니다. ＿＿＿＿＿＿＿＿＿＿＿＿＿＿＿＿＿＿＿＿＿＿＿

④ 주일학교 선생님을 위해 기도하겠습니다. ＿＿＿＿＿＿＿＿＿＿＿＿＿＿＿＿＿

⑤ 주일학교 주요 사안(주일학교 부서)을 위해 기도하겠습니다. ＿＿＿＿＿＿＿＿＿

⑥ 기도하는 엄마들 사역을 위해 기도달력으로 기도하겠습니다(당월 기도달력을 홈페이지에서 다운받아 모일 때마다 한 주 분씩 기도해 주십시오. www.mip.or.kr).

♥ **마무리** – 오늘도 우리의 기도를 들으시는 하나님께 감사와 영광을 올려드리며 예수님의 이름으로 기도드립니다. 아멘!

♥ 모임 내에서 기도한 내용은 모임 안에 남아야 함을 잊지 마십시오!!

16주 ♥ 도우시는 하나님

한국 기도하는 엄마들　　　　　　　　　　　　• 날짜: 20___년 ___월 ___일 (___요일) ___시

♥ **찬양**(8-10분) – 이제 **도우시는 하나님**을 선포하고 찬양하겠습니다(하나님의 속성, 이름, 성품으로 하나님을 찬양하십시오. 이 시간은 기도 응답이나 기도 제목을 나누는 시간이 아닙니다. 찬양만 하십시오.).

우리의 도움이시며 방패가 되시는 하나님은 우리의 필요를 채우십니다. 주님은 우리에게 주신 사명을 감당하도록 우리를 도우시는 분입니다. 어려운 문제에 빠진 우리 자녀들을 부모로서 어떻게 도와야 할지 몰라 당황하거나 염려하지 맙시다. 대신 우리를 기꺼이 도우시는 분, 천지를 지으신 능력의 하나님께 시시때때로 담대히 도우심을 요청합시다. 친절하게 분명하게 도와주시는 하나님을 믿음으로 찾읍시다.

대하 14:11a	아사가 그의 하나님 여호와께 부르짖어 이르되 여호와여 힘이 강한 자와 약한 자 사이에는 주밖에 도와 줄 이가 없사오니 우리 하나님 여호와여 우리를 도우소서
시 115:9	이스라엘아 여호와를 의지하라 그는 너희의 도움이시요 너희의 방패시로다
시 124:8	우리의 도움은 천지를 지으신 여호와의 이름에 있도다
요 14:26	보혜사(NASB: Helper) 곧 아버지께서 내 이름으로 보내실 성령 그가 너희에게 모든 것을 가르치고 내가 너희에게 말한 모든 것을 생각나게 하리라
롬 8:26	이와 같이 성령도 우리의 연약함을 도우시나니 우리는 마땅히 기도할 바를 알지 못하나 오직 성령이 말할 수 없는 탄식으로 우리를 위하여 친히 간구하시느니라
히 4:15-16	우리에게 있는 대제사장은 우리의 연약함을 동정하지 못하실 이가 아니요 모든 일에 우리와 똑같이 시험을 받으신 이로되 죄는 없으시니라 그러므로 우리는 긍휼하심을 받고 때를 따라 돕는 은혜를 얻기 위하여 은혜의 보좌 앞에 담대히 나아갈 것이니라

♥ **고백**(2-3분) – 우리가 죄를 품고 있으면 하나님은 우리 기도를 듣지 않으십니다.
　　　　　　　이 시간은 조용히 침묵하는 가운데 우리의 죄를 고백하는 기도를 하겠습니다. (2-3분 후)
　　　　　　　만일 우리가 우리 죄를 자백하면 하나님께서는 신실하시고 의로우심으로 우리 죄를 용서하시고 모든 불의에서 우리를 깨끗게 하신다고 하신 말씀대로 우리의 죄가 그리스도의 보혈로 깨끗하게 씻겨졌음을 믿습니다. 이제 우리를 온전히 다스리시고, 성령으로 충만케 하여 주시옵소서. 아멘!

♥ **감사**(5-8분) – 이제 기도 응답에 대하여 하나님께 감사기도를 드리겠습니다(이 시간에 간구는 하지 않습니다.).

자녀 이름:	자녀 이름:

♥ **중보(30-40분)** – (대화식 합심기도는 언제나 짧고 Short, 간단하게 Simple, 구체적으로 Specific 합니다.)

① **이제 우리 자녀를 위해 중보기도하겠습니다.**

♡ **먼저 ○○를 위해 성구기도하겠습니다.**

우리의 대제사장 예수님은 우리의 연약함을 동정하지 못하실 이가 아니요 모든 일에 우리와 똑같이 시험을 받으신 이로되 죄는 없으신 분임을 _____ 가 알고, 긍휼하심을 받고 때를 따라 돕는 은혜를 얻기 위해 은혜의 보좌 앞에 담대히 나가게 하소서(히 4:15-16).

성구 확장 기도

♡ **○○를 위해 구체적인 기도를 하겠습니다.**

자녀 이름:	자녀 이름:

② **학교 선생님을 위해 기도하겠습니다.**

신자일 때: 평강의 하나님이 보는 선한 일에 _____ 선생님을 온전케 하사 주님의 뜻을 행하게 하시고 그 앞에 즐거운 것을 예수 그리스도로 말미암아 우리 자녀들 속에 이루는 축복의 통로가 되게 하소서(히 13:21).

불신자일 때: _____ 선생님이 주 예수를 믿어 선생님과 선생님의 집이 구원을 받게 하소서 (행 16:31).

구체적인 기도 제목: _____

③ **학교를 위해 기도하겠습니다.** _____

④ **주일학교 선생님을 위해 기도하겠습니다.** _____

⑤ **주일학교 주요 사안(주일학교 부서)을 위해 기도하겠습니다.** _____

⑥ **기도하는 엄마들 사역을 위해 기도달력으로 기도하겠습니다**(당월 기도달력을 홈페이지에서 다운받아 모임 때마다 한 주 분씩 기도해 주십시오. www.mip.or.kr).

♥ **마무리** – 오늘도 우리의 기도를 들으시는 하나님께 감사와 영광을 올려드리며 예수님의 이름으로 기도드립니다. 아멘!

♥ 모임 내에서 기도한 내용은 모임 안에 남아야 함을 잊지 마십시오!!

기도하는 엄마들 **기도일지 ❷**

_____ 년 _____ 월 기도달력

♥ MEMO ♥

17주 ♥ 의뢰할 분이신 하나님

한국 기도하는 엄마들　　　　　　　　　• 날짜: 20_____년 _____월 _____일 (_____요일) _____시

♥ **찬양** (8-10분) – 이제 **의뢰할 분이신 하나님**을 선포하고 찬양하겠습니다(하나님의 속성, 이름, 성품으로 하나님을 찬양하십시오. 이 시간은 기도 응답이나 기도 제목을 나누는 시간이 아닙니다. 찬양만 하십시오.).

최근 몇 년 동안 미국에서는 '하나님을 신뢰한다(In God we trust)'는 말이 많은 논쟁을 일으켰습니다. 하나님을 신뢰한다는 것은 무슨 뜻입니까? 신뢰란 어떤 사람이나 대상에 대한 신임과 믿음을 뜻합니다. 우리가 누군가와 긴밀한 관계를 맺기 위해서는 그가 과연 신뢰할 만한 사람인지를 자세히 살펴보아야 합니다. 다행히도 하나님에 관한 기록은 성경에 있기 때문에 하나님의 신뢰성을 추적할 수 있습니다. 우리는 하나님의 말씀을 통해 하나님을 더욱 신뢰하게 하는 경험적 지식과 이해를 갖게 됩니다. 하나님을 신뢰할 때 하나님이 우리의 온갖 구하는 것이나 생각하는 것에 더 넘치도록 능히 하실 분(엡 3:20)임을 깨닫게 됩니다.

시 37:3-6	여호와를 의뢰하고 선을 행하라 땅에 머무는 동안 그의 성실을 먹을 거리로 삼을지어다 또 여호와를 기뻐하라 그가 네 마음의 소원을 네게 이루어 주시리로다 네 길을 여호와께 맡기라 그를 의지하면 그가 이루시고 네 의를 빛 같이 나타내시며 네 공의를 정오의 빛 같이 하시리로다
시 56:11	내가 하나님을 의지하였은즉 두려워하지 아니하리니 사람이 내게 어찌하리이까
시 143:8	아침에 나로 하여금 주의 인자한 말씀을 듣게 하소서 내가 주를 의뢰함이니이다 내가 다닐 길을 알게 하소서 내가 내 영혼을 주께 드림이니이다
잠 3:5-6	너는 마음을 다하여 여호와를 신뢰하고 네 명철을 의지하지 말라 너는 범사에 그를 인정하라 그리하면 네 길을 지도하시리라
잠 16:20	삼가 말씀에 주의하는 자는 좋은 것을 얻나니 여호와를 의지하는 자는 복이 있느니라
잠 28:25	욕심이 많은 자는 다툼을 일으키나 여호와를 의지하는 자는 풍족하게 되느니라

♥ **고백** (2-3분) – 우리가 죄를 품고 있으면 하나님은 우리 기도를 듣지 않으십니다.
　　　　　　　　이 시간은 조용히 침묵하는 가운데 우리의 죄를 고백하는 기도를 하겠습니다. (2-3분 후)
만일 우리가 우리 죄를 자백하면 하나님께서는 신실하시고 의로우심으로 우리 죄를 용서하시고 모든 불의에서 우리를 깨끗게 하신다고 하신 말씀대로 우리의 죄가 그리스도의 보혈로 깨끗하게 씻겨졌음을 믿습니다. 이제 우리를 온전히 다스리시고, 성령으로 충만케 하여 주시옵소서. 아멘!

♥ **감사** (5-8분) – 이제 기도 응답에 대하여 하나님께 감사기도를 드리겠습니다(이 시간에 간구는 하지 않습니다.).

자녀 이름:　　　　　　　　　　　　　　　자녀 이름:

_____

_____

_____

_____

♥ **중보 (30-40분)** – (대화식 합심기도는 언제나 짧고 Short, 간단하게 Simple, 구체적으로 Specific 합니다.)

① **이제 우리 자녀를 위해 중보기도하겠습니다.**

♡ **먼저 ○○를 위해 성구기도하겠습니다.**

주님, _____가 아침마다 주의 인자한 말씀을 듣게 하소서. _____가 주의 말씀을 의뢰함으로 매 순간 갈 길을 인도받게 하소서. 그가 그 영혼을 주께 드리게 하소서(시 143:8).

성구 확장 기도

♡ **○○를 위해 구체적인 기도를 하겠습니다.**

자녀 이름:	자녀 이름:

② **학교 선생님을 위해 기도하겠습니다.**

신자일 때: 평강의 하나님이 모든 선한 일에 _____ 선생님을 온전케 하사 주님의 뜻을 행하게 하시고 그 앞에 즐거운 것을 예수 그리스도로 말미암아 우리 자녀들 속에 이루는 축복의 통로가 되게 하소서(히 13:21).

불신자일 때: _____ 선생님이 주 예수를 믿어 선생님과 선생님의 집이 구원을 받게 하소서(행 16:31).

구체적인 기도 제목: _____

③ **학교를 위해 기도하겠습니다.** _____

④ **주일학교 선생님을 위해 기도하겠습니다.** _____

⑤ **주일학교 주요 사안(주일학교 부서)을 위해 기도하겠습니다.** _____

⑥ **기도하는 엄마들 사역을 위해 기도달력으로 기도하겠습니다**(당월 기도달력을 홈페이지에서 다운받아 모일 때마다 한 주 분씩 기도해 주십시오. **www.mip.or.kr**).

♥ **마무리** – 오늘도 우리의 기도를 들으시는 하나님께 감사와 영광을 올려드리며 예수님의 이름으로 기도드립니다. 아멘!

♥ 모임 내에서 기도한 내용은 모임 안에 남아야 함을 잊지 마십시오!!

18주 ♥ 기쁨 되시는 하나님

한국 기도하는 엄마들　　　　　　　　　　• 날짜: 20___년 ___월 ___일 (___요일) ___시

♥ **찬양**(8-10분) – 이제 **기쁨 되시는 하나님**을 선포하고 찬양하겠습니다(하나님의 속성, 이름, 성품으로 하나님을 찬양하십시오. 이 시간은 기도 응답이나 기도 제목을 나누는 시간이 아닙니다. 찬양만 하십시오.).

하나님은 우리가 기뻐하기를 원하시며, 기뻐하라고 명하십니다. 하나님을 믿고 구하는 우리에게 기쁨이 충만할 것을 약속해 주셨습니다. 자녀들의 여러 가지 문제 가운데 지치고 곤하여 기쁨을 잃어버리셨나요? 지금도 기쁨의 근원이신 주님이 우리와 함께하심을 기억합시다. 아무리 문제가 커 보여도 우리는 기뻐해도 됩니다. 이제 시편 기자처럼 외치며 일어나 기쁨으로 하나님을 찬양합시다. "내 영혼아 네가 어찌하여 낙심하며 어찌하여 내 속에서 불안해 하는가 너는 하나님께 소망을 두라 그가 나타나 도우심으로 말미암아 내 하나님을 여전히 찬송하리로다"(시 43:5).

대상 16:27	존귀와 위엄이 그의 앞에 있으며 능력과 즐거움이 그의 처소에 있도다
시 4:7	주께서 내 마음에 두신 기쁨은 그들의 곡식과 새 포도주가 풍성할 때보다 더하니이다
시 16:11	주께서 생명의 길을 내게 보이시리니 주의 앞에는 충만한 기쁨이 있고 주의 오른쪽에는 영원한 즐거움이 있나이다
사 35:10	여호와의 속량함을 받은 자들이 돌아오되 노래하며 시온에 이르러 그들의 머리 위에 영영한 희락을 띠고 기쁨과 즐거움을 얻으리니 슬픔과 탄식이 사라지리로다
눅 2:10	천사가 이르되 무서워하지 말라 보라 내가 온 백성에게 미칠 큰 기쁨의 좋은 소식을 너희에게 전하노라
요 16:24	지금까지는 너희가 내 이름으로 아무 것도 구하지 아니하였으나 구하라 그리하면 받으리니 너희 기쁨이 충만하리라
롬 14:17	하나님의 나라는 먹는 것과 마시는 것이 아니요 오직 성령 안에 있는 의와 평강과 희락이라

♥ **고백**(2-3분) – 우리가 죄를 품고 있으면 하나님은 우리 기도를 듣지 않으십니다.
이 시간은 조용히 침묵하는 가운데 우리의 죄를 고백하는 기도를 하겠습니다. (2-3분 후)
만일 우리가 우리 죄를 자백하면 하나님께서는 신실하시고 의로우심으로 우리 죄를 용서하시고 모든 불의에서 우리를 깨끗케 하신다고 하신 말씀대로 우리의 죄가 그리스도의 보혈로 깨끗하게 씻겨졌음을 믿습니다. 이제 우리를 온전히 다스리시고, 성령으로 충만케 하여 주시옵소서. 아멘!

♥ **감사**(5-8분) – 이제 기도 응답에 대하여 하나님께 감사기도를 드리겠습니다(이 시간에 간구는 하지 않습니다.).

자녀 이름:	자녀 이름:

♥ **중보 (30-40분)** – (대화식 합심기도는 언제나 짧고 Short, 간단하게 Simple, 구체적으로 Specific 합니다.)

① 이제 우리 자녀를 위해 중보기도하겠습니다.

♡ 먼저 ○○를 위해 성구기도하겠습니다.

주님, 생명의 길을 _____에게 보이소서. 주의 앞에는 충만한 기쁨이 있고 주의 오른쪽에는 영원한 즐거움이 있나이다(시 16:11).

성구 확장 기도

♡ ○○를 위해 구체적인 기도를 하겠습니다.

자녀 이름:	자녀 이름:

② 학교 선생님을 위해 기도하겠습니다.

신자일 때: 평강의 하나님이 모든 선한 일에 _____ 선생님을 온전케 하사 주님의 뜻을 행하게 하시고 그 앞에 즐거운 것을 예수 그리스도로 말미암아 우리 자녀들 속에 이루는 축복의 통로가 되게 하소서(히 13:21).

불신자일 때: _____ 선생님이 주 예수를 믿어 선생님과 선생님의 집이 구원을 받게 하소서(행 16:31).

구체적인 기도 제목: _____

③ 학교를 위해 기도하겠습니다. _____

④ 주일학교 선생님을 위해 기도하겠습니다. _____

⑤ 주일학교 주요 사안(주일학교 부서)을 위해 기도하겠습니다. _____

⑥ 기도하는 엄마들 사역을 위해 기도달력으로 기도하겠습니다(당월 기도달력을 홈페이지에서 다운받아 모일 때마다 한 주 분씩 기도해 주십시오. **www.mip.or.kr**).

♥ **마무리** – 오늘도 우리의 기도를 들으시는 하나님께 감사와 영광을 올려드리며 예수님의 이름으로 기도드립니다. 아멘!

♥ 모임 내에서 기도한 내용은 모임 안에 남아야 함을 잊지 마십시오!!

19주 ♥ 기적을 행하시는 하나님

한국 기도하는 엄마들 • 날짜: 20____년 ____월 ____일 (____요일) ____시

♥ **찬양 (8-10분)** – 이제 **기적을 행하시는 하나님**을 선포하고 찬양하겠습니다(하나님의 속성, 이름, 성품으로 하나님을 찬양하십시오. 이 시간은 기도 응답이나 기도 제목을 나누는 시간이 아닙니다. 찬양만 하십시오.).

말씀으로 천지를 창조하신 하나님께 과연 불가능한 일이 있겠습니까? 예수님은 자신이 하나님이심을 알게 하시려고 사람들 앞에서 많은 기적을 행하셨습니다. 또한 하나님의 능력을 믿는 자에게 능치 못할 일이 없다는 엄청난 말씀을 하셨습니다. 오늘도 '기이한 일'을 행하시는 하나님을 찬양합시다. 우리의 믿음 없음을 인정하고 통회 자백하며 간절한 마음으로 이렇게 구합시다. "내가 믿나이다 나의 믿음 없는 것을 도와 주소서."(막 9:24)

대상 16:12-13 그의 종 이스라엘의 후손 곧 택하신 야곱의 자손 너희는 그의 행하신 기사와 그의 이적과 그의 입의 법도를 기억할지어다

시 111:2 여호와께서 행하시는 일들이 크시오니 이를 즐거워하는 자들이 다 기리는도다

요 3:2 그가 밤에 예수께 와서 이르되 랍비여 우리가 당신은 하나님께로부터 오신 선생인 줄 아나이다 하나님이 함께 하시지 아니하시면 당신이 행하시는 이 표적을 아무도 할 수 없음이니이다

요 20:30-31 예수께서 제자들 앞에서 이 책에 기록되지 아니한 다른 표적도 많이 행하셨으나 오직 이것을 기록함은 너희로 예수께서 하나님의 아들 그리스도이심을 믿게 하려 함이요 또 너희로 믿고 그 이름을 힘입어 생명을 얻게 하려 함이니라

대상 16:8-9 너희는 여호와께 감사하며 그의 이름을 불러 아뢰며 그가 행하신 일을 만민 중에 알릴지어다 그에게 노래하며 그를 찬양하고 그의 모든 기사를 전할지어다

시 77:14 주는 기이한 일을 행하신 하나님이시라 민족들 중에 주의 능력을 알리시고

♥ **고백 (2-3분)** – 우리가 죄를 품고 있으면 하나님은 우리 기도를 듣지 않으십니다.
이 시간은 조용히 침묵하는 가운데 우리의 죄를 고백하는 기도를 하겠습니다. (2-3분 후)
만일 우리가 우리 죄를 자백하면 하나님께서는 신실하시고 의로우심으로 우리 죄를 용서하시고 모든 불의에서 우리를 깨끗케 하신다고 하신 말씀대로 우리의 죄가 그리스도의 보혈로 깨끗하게 씻겨졌음을 믿습니다. 이제 우리를 온전히 다스리시고, 성령으로 충만케 하여 주시옵소서. 아멘!

♥ **감사 (5-8분)** – 이제 기도 응답에 대하여 하나님께 감사기도를 드리겠습니다(이 시간에 간구는 하지 않습니다.).

자녀 이름: 자녀 이름:

♥ **중보 (30-40분)** – (대화식 합심기도는 언제나 짧고 Short, 간단하게 Simple, 구체적으로 Specific 합니다.)

① 이제 우리 자녀를 위해 중보기도하겠습니다.

♡ 먼저 ○○를 위해 성구기도하겠습니다.

_____가 하나님께서 그 백성에게 행하신 기사와 이적과 하나님의 법도를 기억하고 여호와와 그의 능력을 항상 구하게 하소서. 항상 그의 얼굴을 찾게 하소서(대상 16:11-13).

성구 확장 기도

♡ ○○를 위해 구체적인 기도를 하겠습니다.

자녀 이름: 자녀 이름:

② 학교 선생님을 위해 기도하겠습니다.

신자일 때: 평강의 하나님이 모든 선한 일에 _____ 선생님을 온전케 하시 주님의 뜻을 행하게 하시고 그 앞에 즐거운 것을 예수 그리스도로 말미암아 우리 자녀들 속에 이루는 축복의 통로가 되게 하소서(히 13:21).

불신자일 때: _____ 선생님이 주 예수를 믿어 선생님과 선생님의 집이 구원을 받게 하소서 (행 16:31).

구체적인 기도 제목: _____

③ 학교를 위해 기도하겠습니다. _____

④ 주일학교 선생님을 위해 기도하겠습니다. _____

⑤ 주일학교 주요 사안(주일학교 부서)을 위해 기도하겠습니다. _____

⑥ 기도하는 엄마들 사역을 위해 기도달력으로 기도하겠습니다(당월 기도달력을 홈페이지에서 다운받아 모일 때마다 한 주 분씩 기도해 주십시오. www.mip.or.kr).

♥ **마무리** – 오늘도 우리의 기도를 들으시는 하나님께 감사와 영광을 올려드리며 예수님의 이름으로 기도드립니다. 아멘!

♥ 모임 내에서 기도한 내용은 모임 안에 남아야 함을 잊지 마십시오!!

20주 ♥ 빛 되신 하나님

한국 기도하는 엄마들   • 날짜: 20____년 ____월 ____일 (____요일) ____시

♥ **찬양**(8-10분) – 이제 **빛 되신 하나님**을 선포하고 **찬양하겠습니다**(하나님의 속성, 이름, 성품으로 하나님을 찬양하십시오. 이 시간은 기도 응답이나 기도 제목을 나누는 시간이 아닙니다. 찬양만 하십시오.).

빛은 의로우신 하나님의 임재의 상징입니다. 이것은 곧 하나님이 절대 선(善)이시고 진리(眞理)이심을 의미합니다. 하나님은 죄로 어두워진 세상에서 우리를 구하시려 자기의 독생자이며 참 빛이신 예수 그리스도를 세상에 보내 주셨습니다.

창 1:3–4a	하나님이 이르시되 빛이 있으라 하시니 빛이 있었고 빛이 하나님이 보시기에 좋았더라
시 119:105	주의 말씀은 내 발에 등이요 내 길에 빛이니이다
요 1:9	참 빛 곧 세상에 와서 각 사람에게 비추는 빛이 있었나니
요 8:12	예수께서 또 말씀하여 이르시되 나는 세상의 빛이니 나를 따르는 자는 어둠에 다니지 아니하고 생명의 빛을 얻으리라
고후 4:6	어두운 데에 빛이 비치라 말씀하셨던 그 하나님께서 예수 그리스도의 얼굴에 있는 하나님의 영광을 아는 빛을 우리 마음에 비추셨느니라
요일 1:5	우리가 그에게서 듣고 너희에게 전하는 소식은 이것이니 곧 하나님은 빛이시라 그에게는 어둠이 조금도 없으시다는 것이니라
계 21:23	그 성은 해나 달의 비침이 쓸 데 없으니 이는 하나님의 영광이 비치고 어린 양이 그 등불이 되심이라
시 90:8	주께서 우리의 죄악을 주의 앞에 놓으시며 우리의 은밀한 죄를 주의 얼굴 빛 가운데에 두셨사오니

♥ **고백**(2-3분) – 우리가 죄를 품고 있으면 하나님은 우리 기도를 듣지 않으십니다.
이 시간은 조용히 침묵하는 가운데 우리의 죄를 고백하는 기도를 하겠습니다. (2-3분 후)
만일 우리가 우리 죄를 자백하면 하나님께서는 신실하시고 의로우심으로 우리 죄를 용서하시고 모든 불의에서 우리를 깨끗케 하신다고 하신 말씀대로 우리의 죄가 그리스도의 보혈로 깨끗하게 씻겨졌음을 믿습니다. 이제 우리를 온전히 다스리시고, 성령으로 충만케 하여 주시옵소서. 아멘!

♥ **감사**(5-8분) – 이제 기도 응답에 대하여 하나님께 감사기도를 드리겠습니다(이 시간에 간구는 하지 않습니다.).

자녀 이름: 자녀 이름:

♥ **중보 (30-40분)** – (대화식 합심기도는 언제나 짧고 Short, 간단하게 Simple, 구체적으로 Specific 합니다.)

① **이제 우리 자녀를 위해 중보기도하겠습니다.**

♡ **먼저 ○○를 위해 성구기도하겠습니다.**

주의 말씀은 _____의 발에 등이요 _____의 길에 빛입니다(시 119:105).
_____가 예수님이 세상의 빛이심을 알고 예수님을 항상 따름으로 어둠에 다니지 않고 생명의 빛을 얻게 하소서(요 8:12).

성구 확장 기도

♡ **○○를 위해 구체적인 기도를 하겠습니다.**

자녀 이름:	자녀 이름:

② **학교 선생님을 위해 기도하겠습니다.**

신자일 때: 평강의 하나님이 모든 선한 일에 _____ 선생님을 온전케 하사 주님의 뜻을 행하게 하시고 그 앞에 즐거운 것을 예수 그리스도로 말미암아 우리 자녀들 속에 이루는 축복의 통로가 되게 하소서(히 13:21).

불신자일 때: _____ 선생님이 주 예수를 믿어 선생님과 선생님의 집이 구원을 받게 하소서 (행 16:31).

구체적인 기도 제목: _____

③ **학교를 위해 기도하겠습니다.** _____

④ **주일학교 선생님을 위해 기도하겠습니다.** _____

⑤ **주일학교 주요 사안(주일학교 부서)을 위해 기도하겠습니다.** _____

⑥ **기도하는 엄마들 사역을 위해 기도달력으로 기도하겠습니다**(당월 기도달력을 홈페이지에서 다운받아 모일 때마다 한 주 분씩 기도해 주십시오. www.mip.or.kr).

♥ **마무리** – 오늘도 우리의 기도를 들으시는 하나님께 감사와 영광을 올려드리며 예수님의 이름으로 기도드립니다. 아멘!

♥ 모임 내에서 기도한 내용은 모임 안에 남아야 함을 잊지 마십시오!!

기도하는 엄마들 **기도일지 ❷**

_____ 년 _____ 월 기도달력

♥ MEMO ♥

21주 ♥ 아버지 하나님

한국 기도하는 엄마들　　　　　　　　　　• 날짜: 20____년 ____월 ____일 (____요일) ____시

♥ **찬양**(8-10분) – 이제 **아버지 하나님을 선포하고 찬양하겠습니다**(하나님의 속성, 이름, 성품으로 하나님을 찬양하십시오. 이 시간은 기도 응답이나 기도 제목을 나누는 시간이 아닙니다. 찬양만 하십시오.).

구약에서 하나님을 아버지라고 부르는 것은 쉽게 찾아볼 수 없습니다. 그런데 예수 그리스도의 대속의 피로 말미암아 구원받은 사람들에게 하나님의 자녀가 되는 길이 열린 것입니다. "(예수 그리스도를) 영접하는 자 곧 그 이름을 믿는 자들에게는 하나님의 자녀가 되는 권세를 주셨으니"라고 요한은 말합니다(요 1:12). 자녀가 기도하면 아버지는 언제나 귀 기울여 들으시고 응답하십니다. 기도는 하나님의 자녀의 특별한 권세입니다. 우리 모두 하늘에 계신 우리 아버지의 자녀된 권세를 누리기를 기도합니다.

마 6:6	너는 기도할 때에 네 골방에 들어가 문을 닫고 은밀한 중에 계신 네 아버지께 기도하라 은밀한 중에 보시는 네 아버지께서 갚으시리라
마 6:8b	구하기 전에 너희에게 있어야 할 것을 하나님 너희 아버지께서 아시느니라
마 6:9a	그러므로 너희는 이렇게 기도하라 하늘에 계신 우리 아버지여
롬 8:15b-16	양자의 영을 받았으므로 우리가 아빠 아버지라고 부르짖느니라 성령이 친히 우리의 영과 더불어 우리가 하나님의 자녀인 것을 증언하시나니
갈 4:6	너희가 아들이므로 하나님이 그 아들의 영을 우리 마음 가운데 보내사 아빠 아버지라 부르게 하셨느니라
요일 3:1	보라 아버지께서 어떠한 사랑을 우리에게 베푸사 하나님의 자녀라 일컬음을 받게 하셨는가, 우리가 그러하도다 그러므로 세상이 우리를 알지 못함은 그를 알지 못함이라
고후 6:17b-18	내가 너희를 영접하여 너희에게 아버지가 되고 너희는 내게 자녀가 되리라 전능하신 주의 말씀이니라 하셨느니라

♥ **고백**(2-3분) – 우리가 죄를 품고 있으면 하나님은 우리 기도를 듣지 않으십니다.
이 시간은 조용히 침묵하는 가운데 우리의 죄를 고백하는 기도를 하겠습니다. (2-3분 후)
만일 우리가 우리 죄를 자백하면 하나님께서는 신실하시고 의로우심으로 우리 죄를 용서하시고 모든 불의에서 우리를 깨끗케 하신다고 하신 말씀대로 우리의 죄가 그리스도의 보혈로 깨끗하게 씻겨졌음을 믿습니다. 이제 우리를 온전히 다스리시고, 성령으로 충만케 하여 주시옵소서. 아멘!

♥ **감사**(5-8분) – 이제 기도 응답에 대하여 **하나님께 감사기도를 드리겠습니다**(이 시간에 간구는 하지 않습니다.).

자녀 이름:　　　　　　　　　　　　　　자녀 이름:

_____

_____

_____

_____

♥ **중보(30-40분)** – (대화식 합심기도는 언제나 짧고 Short, 간단하게 Simple, 구체적으로 Specific 합니다.)

① 이제 우리 자녀를 위해 중보기도하겠습니다.

♡ 먼저 ○○를 위해 성구기도하겠습니다.

_____가 이제 무서워하는 종의 영을 받지 아니하고 양자의 영을 받았음을 확신하고 하나님을 아빠 아버지라 담대히 부르게 하소서(롬 8:15).

성구 확장 기도

♡ ○○를 위해 구체적인 기도를 하겠습니다.

자녀 이름:	자녀 이름:

② 학교 선생님을 위해 기도하겠습니다.

신자일 때: 평강의 하나님이 모든 선한 일에 _____ 선생님을 온전케 하사 수님의 뜻을 행하게 하시고 그 앞에 즐거운 것을 예수 그리스도로 말미암아 우리 자녀들 속에 이루는 축복의 통로가 되게 하소서(히 13:21).

불신자일 때: _____ 선생님이 주 예수를 믿어 선생님과 선생님의 집이 구원을 받게 하소서 (행 16:31).

구체적인 기도 제목: _____

③ 학교를 위해 기도하겠습니다. _____

④ 주일학교 선생님을 위해 기도하겠습니다. _____

⑤ 주일학교 주요 사안(주일학교 부서)을 위해 기도하겠습니다. _____

⑥ 기도하는 엄마들 사역을 위해 기도달력으로 기도하겠습니다(당월 기도달력을 홈페이지에서 다운받아 모일 때마다 한 주 분씩 기도해 주십시오. **www.mip.or.kr**).

♥ **마무리** – 오늘도 우리의 기도를 들으시는 하나님께 감사와 영광을 올려드리며 예수님의 이름으로 기도드립니다. 아멘!

♥ 모임 내에서 기도한 내용은 모임 안에 남아야 함을 잊지 마십시오!!

22주 ♥ 친구 되시는 예수님

한국 기도하는 엄마들 • 날짜: 20____년 ____월 ____일 (____요일) ____시

♥ 찬양 (8-10분) – 이제 **친구 되시는 예수님**을 선포하고 찬양하겠습니다(하나님의 속성, 이름, 성품으로 하나님을 찬양하십시오. 이 시간은 기도 응답이나 기도 제목을 나누는 시간이 아닙니다. 찬양만 하십시오.).

예수님은 우리를 위해 기꺼이 목숨을 버리셨습니다. 친구를 위해 그렇게 하셨다고 말씀하셨습니다. 너무도 친밀한 친구의 절대적인 사랑이 느껴지지 않습니까? 예수님은 자기를 팔러 온 유다에게도 친구라는 단어를 사용하셨습니다. 참으로 경이로운 사랑입니다. 그 예수님께서 언제나 변함없이 다정한 모습으로 이미 우리 가운데 계시며 우리와 사귐을 갖기 원하십니다. 옛적에 믿음의 조상 아브라함과 이스라엘의 위대한 영도자 모세와 친구 되셨던 분이 지금 우리와도 그렇게 친구로서 친밀하게 교제하기를 원하십니다.

요 15:13-15   사람이 친구를 위하여 자기 목숨을 버리면 이보다 더 큰 사랑이 없나니 너희는 내가 명하는 대로 행하면 곧 나의 친구라 이제부터는 너희를 종이라 하지 아니하리니 종은 주인이 하는 것을 알지 못함이라 너희를 친구라 하였노니 내가 내 아버지께 들은 것을 다 너희에게 알게 하였음이라

약 2:23   이에 성경에 이른 바 아브라함이 하나님을 믿으니 이것을 의로 여기셨다는 말씀이 이루어졌고 그는 하나님의 벗이라 칭함을 받았나니

계 3:20   볼지어다 내가 문 밖에 서서 두드리노니 누구든지 내 음성을 듣고 문을 열면 내가 그에게로 들어가 그와 더불어 먹고 그는 나와 더불어 먹으리라

시 25:14   여호와의 친밀하심이 그를 경외하는 자들에게 있음이여 그의 언약을 그들에게 보이시리로다

마 26:50   예수께서 이르시되 친구여 네가 무엇을 하려고 왔는지 행하라 하신대 이에 그들이 나아와 예수께 손을 대어 잡는지라

♥ 고백 (2-3분) – 우리가 죄를 품고 있으면 하나님은 우리 기도를 듣지 않으십니다.
이 시간은 조용히 침묵하는 가운데 우리의 죄를 고백하는 기도를 하겠습니다. (2-3분 후)
만일 우리가 우리 죄를 자백하면 하나님께서는 신실하시고 의로우심으로 우리 죄를 용서하시고 모든 불의에서 우리를 깨끗케 하신다고 하신 말씀대로 우리의 죄가 그리스도의 보혈로 깨끗하게 씻겨졌음을 믿습니다. 이제 우리를 온전히 다스리시고, 성령으로 충만케 하여 주시옵소서. 아멘!

♥ 감사 (5-8분) – 이제 기도 응답에 대하여 하나님께 감사기도를 드리겠습니다(이 시간에 간구는 하지 않습니다.).

자녀 이름: _____   자녀 이름: _____

♥ **중보 (30-40분)** – (대화식 합심기도는 언제나 짧고 Short, 간단하게 Simple, 구체적으로 Specific 합니다.)

① 이제 우리 자녀를 위해 중보기도하겠습니다.

♡ 먼저 ○○를 위해 성구기도하겠습니다.

_____가 예수님께서 명하시는 대로 행하여 예수님의 친구가 되게 하소서. 그리하여 예수님께서 아버지께 들은 것을 다 알려주시는 진정한 친구의 특권을 누리게 하소서 (요 15:13-15).

성구 확장 기도

♡ ○○를 위해 구체적인 기도를 하겠습니다.

자녀 이름:	자녀 이름:

② 학교 선생님을 위해 기도하겠습니다.

신자일 때: 평강의 하나님이 모든 선한 일에 _____ 선생님을 온전케 하사 주님의 뜻을 행하게 하시고 그 앞에 즐거운 것을 예수 그리스도로 말미암아 우리 자녀들 속에 이루는 축복의 통로가 되게 하소서(히 13:21).

불신자일 때: _____ 선생님이 주 예수를 믿어 선생님과 선생님의 집이 구원을 받게 하소서 (행 16:31).

구체적인 기도 제목: _____

③ 학교를 위해 기도하겠습니다. _____

④ 주일학교 선생님을 위해 기도하겠습니다. _____

⑤ 주일학교 주요 사안(주일학교 부서)을 위해 기도하겠습니다. _____

⑥ 기도하는 엄마들 사역을 위해 기도달력으로 기도하겠습니다(당월 기도달력을 홈페이지에서 다운받아 모일 때마다 한 주 분씩 기도해 주십시오. www.mip.or.kr).

♥ **마무리** – 오늘도 우리의 기도를 들으시는 하나님께 감사와 영광을 올려드리며 예수님의 이름으로 기도드립니다. 아멘!

♥ 모임 내에서 기도한 내용은 모임 안에 남아야 함을 잊지 마십시오!!

23주 ♥ 지도하시는 하나님

한국 기도하는 엄마들　　　　　　　　　　• 날짜: 20____년 ____월 ____일 (____요일) ____시

♥ **찬양**(8-10분) – 이제 **지도하시는 하나님**을 선포하고 **찬양하겠습니다**(하나님의 속성, 이름, 성품으로 하나님을 찬양하십시오. 이 시간은 기도 응답이나 기도 제목을 나누는 시간이 아닙니다. 찬양만 하십시오.).

어린아이가 책임감 있고 성숙한 성인으로 성장하기 위해서는 훌륭한 어른으로부터 적절한 지침과 훈련을 받아야 합니다. 신생아가 성장하여 성인으로서 행동하기까지는 많은 시간과 비용과 지도와 훈련과 에너지가 소요됩니다. 하나님은 당신의 자녀들이 영적으로 성숙하며 책임감 있게 성장하기 위해서 적절한 시간과 지침이 필요하다는 것을 아십니다. 좋은 소식은 하나님이 우리에게 경건치 않은 세상에서 어떻게 경건한 삶을 살아야 할지에 관한 최상의 지침서(instruction book)를 주셨다는 것입니다. "모든 성경은 하나님의 감동으로 된 것으로 교훈과 책망과 바르게 함과 의로 교육하기에 유익하니"(딤후 3:16). 성경이 바로 우리 삶의 최고의 지침서입니다.

출 4:12	이제 가라 내가 네 입과 함께 있어서 할 말을 가르치리라
출 4:15	너는 그에게 말하고 그의 입에 할 말을 주라 내가 네 입과 그의 입에 함께 있어서 너희들이 행할 일을 가르치리라
욥 36:22	하나님은 그의 권능으로 높이 계시나니 누가 그같이 교훈을 베풀겠느냐
시 25:8-9	여호와는 선하시고 정직하시니 그러므로 그의 도로 죄인들을 교훈하시리로다 온유한 자를 정의로 지도하심이여 온유한 자에게 그의 도를 가르치시리로다
시 32:8	내가 네 갈 길을 가르쳐 보이고 너를 주목하여 훈계하리로다
잠 3:5-6	너는 마음을 다하여 여호와를 신뢰하고 네 명철을 의지하지 말라 너는 범사에 그를 인정하라 그리하면 네 길을 지도하시리라
사 48:17	너희의 구속자시요 이스라엘의 거룩하신 이이신 여호와께서 이르시되 나는 네게 유익하도록 가르치고 너를 마땅히 행할 길로 인도하는 네 하나님 여호와라

♥ **고백**(2-3분) – 우리가 죄를 품고 있으면 하나님은 우리 기도를 듣지 않으십니다.
이 시간은 조용히 침묵하는 가운데 우리의 죄를 고백하는 기도를 하겠습니다. (2-3분 후)
만일 우리가 우리 죄를 자백하면 하나님께서는 신실하시고 의로우심으로 우리 죄를 용서하시고 모든 불의에서 우리를 깨끗케 하신다고 하신 말씀대로 우리의 죄가 그리스도의 보혈로 깨끗하게 씻겨졌음을 믿습니다. 이제 우리를 온전히 다스리시고, 성령으로 충만케 하여 주시옵소서. 아멘!

♥ **감사**(5-8분) – 이제 기도 응답에 대하여 하나님께 감사기도를 드리겠습니다(이 시간에 간구는 하지 않습니다.).

자녀 이름:	자녀 이름:

💗 **중보 (30-40분)** – (대화식 합심기도는 언제나 짧고 Short, 간단하게 Simple, 구체적으로 Specific 합니다.)

① 이제 우리 자녀를 위해 중보기도하겠습니다.

♡ 먼저 ○○를 위해 성구기도하겠습니다.

_____가 마음을 다하여 여호와를 신뢰하고 자기 명철을 의지하지 말게 하소서. _____가 범사에 하나님을 인정함으로 하나님의 지도하심을 받게 하소서(잠 3:5-6).

성구 확장 기도

♡ ○○를 위해 구체적인 기도를 하겠습니다.

자녀 이름:	자녀 이름:

② 학교 선생님을 위해 기도하겠습니다.

신자일 때: 평강의 하나님이 모든 선한 일에 _____ 선생님을 온전케 하시 주님의 뜻을 행하게 하시고 그 앞에 즐거운 것을 예수 그리스도로 말미암아 우리 자녀들 속에 이루는 축복의 통로가 되게 하소서(히 13:21).

불신자일 때: _____ 선생님이 주 예수를 믿어 선생님과 선생님의 집이 구원을 받게 하소서(행 16:31).

구체적인 기도 제목: _____

③ 학교를 위해 기도하겠습니다. _____

④ 주일학교 선생님을 위해 기도하겠습니다. _____

⑤ 주일학교 주요 사안(주일학교 부서)을 위해 기도하겠습니다. _____

⑥ 기도하는 엄마들 사역을 위해 기도달력으로 기도하겠습니다(당월 기도달력을 홈페이지에서 다운받아 모일 때마다 한 주 분씩 기도해 주십시오. **www.mip.or.kr**).

💗 **마무리** – 오늘도 우리의 기도를 들으시는 하나님께 감사와 영광을 올려드리며 예수님의 이름으로 기도드립니다. 아멘!

♥ 모임 내에서 기도한 내용은 모임 안에 남아야 함을 잊지 마십시오!!

24주 ♥ 들으시는 하나님

한국 기도하는 엄마들 ・날짜: 20____년 ____월 ____일 (____요일) ____시

♥ **찬양**(8-10분) – 이제 들으시는 하나님을 선포하고 찬양하겠습니다(하나님의 속성, 이름, 성품으로 하나님을 찬양하십시오. 이 시간은 기도 응답이나 기도 제목을 나누는 시간이 아닙니다. 찬양만 하십시오.).

아무리 가까운 사람이라도 사람이기에 우리의 말과 심정을 다 알아듣지 못할 수 있고, 말하는 우리가 상대방이 잘 알아듣지 못하게 표현하면서 상대방이 못 알아듣는다고 화를 낼 수 있습니다만, 하나님의 귀는 항상 열려 있어서 우리와 언제 어디서나 의사소통을 명쾌하게 하십니다. 하나님께서 우리의 소리를 듣지 않으시는 경우는 우리 안에 죄를 품고 있을 때 외에는 없습니다(사 59:1–2). 우리가 겸손히 우리 죄를 자백하면 대화의 끈이 다시 연결됩니다. 하나님은 상하고 통회하는 마음을 기뻐하십니다(시 51:7). 겸손한 마음으로 하나님께서 무슨 말씀을 하시는지 귀를 기울여 보십시오.

느 1:11a	주여 구하오니 귀를 기울이사 종의 기도와 주의 이름을 경외하기를 기뻐하는 종들의 기도를 들으시고 오늘 종이 형통하여 이 사람 앞에서 은혜를 입게 하옵소서
시 10:17	여호와여 주는 겸손한 자의 소원을 들으셨사오니 그들의 마음을 준비하시며 귀를 기울여 들으시고
시 34:15	여호와의 눈은 의인을 향하시고 그의 귀는 그들의 부르짖음에 기울이시는도다
시 116:1–2	여호와께서 내 음성과 내 간구를 들으시므로 내가 그를 사랑하는도다 그의 귀를 내게 기울이셨으므로 내가 평생에 기도하리로다
단 9:18a	나의 하나님이여 귀를 기울여 들으시며
요 9:31	하나님이 죄인의 말을 듣지 아니하시고 경건하여 그의 뜻대로 행하는 자의 말은 들으시는 줄을 우리가 아나이다
대하 7:14	내 이름으로 일컫는 내 백성이 그들의 악한 길에서 떠나 스스로 낮추고 기도하여 내 얼굴을 찾으면 내가 하늘에서 듣고 그들의 죄를 사하고 그들의 땅을 고칠지라

♥ **고백**(2-3분) – 우리가 죄를 품고 있으면 하나님은 우리 기도를 듣지 않으십니다.
이 시간은 조용히 침묵하는 가운데 우리의 죄를 고백하는 기도를 하겠습니다. (2-3분 후)
만일 우리가 우리 죄를 자백하면 하나님께서는 신실하시고 의로우심으로 우리 죄를 용서하시고 모든 불의에서 우리를 깨끗케 하신다고 하신 말씀대로 우리의 죄가 그리스도의 보혈로 깨끗하게 씻겨졌음을 믿습니다. 이제 우리를 온전히 다스리시고, 성령으로 충만케 하여 주시옵소서. 아멘!

♥ **감사**(5-8분) – 이제 기도 응답에 대하여 하나님께 감사기도를 드리겠습니다(이 시간에 간구는 하지 않습니다.).

자녀 이름: 자녀 이름:

♥ **중보 (30-40분)** – (대화식 합심기도는 언제나 짧고 Short, 간단하게 Simple, 구체적으로 Specific 합니다.)

① 이제 우리 자녀를 위해 중보기도하겠습니다.

♡ 먼저 ○○를 위해 성구기도하겠습니다.

주여, 구하오니 귀를 기울이사 _____의 기도와 주의 이름을 경외하기를 기뻐하는 엄마들의 기도를 들으시고 오늘 _____를 형통하게 하사 그가 만나는 이들과 앞으로 만나게 될 사람들 앞에서 은혜를 입게 하소서(느 1:11a).

성구 확장 기도

♡ ○○를 위해 구체적인 기도를 하겠습니다.

자녀 이름: _____   자녀 이름: _____

② 학교 선생님을 위해 기도하겠습니다.

신자일 때: 평강의 하나님이 모든 선한 일에 _____ 선생님을 온전케 하사 주님의 뜻을 행하게 하시고 그 앞에 즐거운 것을 예수 그리스도로 말미암아 우리 자녀들 속에 이루는 축복의 통로가 되게 하소서(히 13:21).

불신자일 때: _____ 선생님이 주 예수를 믿어 선생님과 선생님의 집이 구원을 받게 하소서(행 16:31).

구체적인 기도 제목: _____

③ 학교를 위해 기도하겠습니다. _____

④ 주일학교 선생님을 위해 기도하겠습니다. _____

⑤ 주일학교 주요 사안(주일학교 부서)을 위해 기도하겠습니다. _____

⑥ 기도하는 엄마들 사역을 위해 기도달력으로 기도하겠습니다(당월 기도달력을 홈페이지에서 다운받아 모일 때마다 한 주 분씩 기도해 주십시오. **www.mip.or.kr**).

♥ **마무리** – 오늘도 우리의 기도를 들으시는 하나님께 감사와 영광을 올려드리며 예수님의 이름으로 기도드립니다. 아멘!

♥ 모임 내에서 기도한 내용은 모임 안에 남아야 함을 잊지 마십시오!!

기도하는 엄마들 **기도일지 ❷**

_____ 년 _____ 월 기도달력

♥ MEMO ♥

♥ 10대 자녀를 위한 기도제안

1. **옳지 않은 일을 했을 때 항상 발각되도록** 기도하십시오 - 시 19:12
   _____의 허물을 능히 깨닫게 하사 저를 숨은 허물에서 벗어나게 하소서!

2. **몸의 정결을 위해** 기도하십시오 - 엡 5:1, 3
   음행과 온갖 더러운 것과 탐욕은 _____가 그 이름조차도 부르지 말게 하소서!

3. **경건한 친구들을 위해** 기도하십시오 - 딤후 2:22
   _____가 정욕을 피하고 주를 깨끗한 마음으로 부르는 친구들과 함께 의와 믿음과 사랑과 화평을 따르게 하소서!

4. **장래 배우자를 위해** 기도하십시오 - 고후 6:14
   _____가 믿지 않는 자와 멍에를 함께 메지 않도록 늘 빛 가운데 거하게 하소서!

5. **분별력을 위해** 기도하십시오 - 골 2:8
   _____에게 분별력을 주사 철학과 헛된 속임수에 사로잡히지 않게 하소서!

6. **하나님을 더욱 잘 알 수 있는 계시를 위해** 기도하십시오 - 엡 1:17
   우리 주 예수 그리스도의 하나님, 영광의 아버지께서 지혜와 계시의 영을 _____에게 주사 하나님을 알게 하여 주소서!

7. **계속 회개하며 변화되기 원하는 마음을 위해** 기도하십시오 - 겔 18:30b
   _____가 항상 돌이켜 회개하고 모든 죄에서 자유케 되어 저에게 죄가 걸림돌이 되지 않게 하소서!

8. **하나님이 기도 응답하시는 것을 보도록** 기도하십시오 - 눅 18:1
   _____가 항상 기도하고 낙심하지 않게 도우사 기도의 응답을 보게 하여 주소서!

9. **하나님을 경외하도록** 기도하십시오 - 시 112:1
_____가 여호와를 경외하며 주의 계명을 크게 즐거워하게 하여 주소서!

10. **하나님께 순복하며 마귀를 대적하도록** 기도하십시오 - 약 4:7
_____가 하나님께 복종하고 마귀를 대적하여 영적 전쟁에서 이기게 하소서!

11. **겸손한 마음을 갖도록** 기도하십시오 - 빌 2:3
_____가 무슨 일을 하든지 다툼이나 허영으로 하지 말고 오직 겸손한 마음으로 최선을 다하게 하소서!

12. **하나님을 최우선으로 놓도록** 기도하십시오 - 잠 3:6
_____가 모든 일에 하나님의 주권을 인정하게 하소서!

13. **보는 것을 위해** 기도하십시오 - 마 6:22-23
_____의 눈은 몸의 등불이오니 그 눈으로 늘 하나님의 빛을 보게 하여 주사 어둠이 들어오지 못하게 하소서!

14. **이 세대의 악한 행실을 피하도록** 기도하십시오 - 신 18:14
이 세대의 사람들은 길흉을 말하는 자나 점쟁이의 말을 듣거니와 _____는 이런 일을 용납하지 않게 하소서!

15. **악한 것에 대해 '아니오'라고 말할 수 있도록** 기도하십시오 - 히 2:18
주님께서 시험을 받아 고난을 당하셨은즉 _____가 악한 것을 거절함으로 시험 받을 때 저를 능히 도우실 것을 믿는 믿음과 담대함을 주소서!

16. **예배자가 되게** 하소서!!!
목마른 사슴이 물을 찾듯이 _____가 주일을 기다리며 다른 어떤 것보다 예배를 우선순위에 놓고 신령과 진정으로 예배드리는 데 최선을 다하게 하소서!

♥ 31일 성품 기도달력

	1. Respect 존경	2. Perseverance 인내
기도하는 엄마들	"인간의 모든 제도를 주를 위하여 순종하되 혹은 위에 있는 왕이나 혹은 그가 악행하는 자를 징벌하고 선행하는 자를 포상하기 위하여 보낸 총독에게 하라"(벧전 2:13-14) ___가 권위에 복종하며 모든 사람을 존경하는 성품으로 자라나게 하소서	"내 형제들아 너희가 여러 가지 시험을 당하거든 온전히 기쁘게 여기라 이는 너희 믿음의 시련이 인내를 만들어 내는 줄 너희가 앎이라"(약 1:2-3) ___가 시험을 만나도 좌절하지 않고 기쁨으로 견뎌냄으로 연단 가운데 성장하게 하소서
7. Integrity 정직성	**8. Generosity 관대**	**9. Servanthood 섬김**
"이자를 받으려고 돈을 꾸어 주지 아니하며 뇌물을 받고 무죄한 자를 해하지 아니하는 자이니 이런 일을 행하는 자는 영원히 흔들리지 아니하리이다"(시 15:5) ___가 경건한 자를 존대하며 뇌물을 거절하며 약속을 지키는 사람이 되게 하소서	"오직 선을 행함과 서로 나누어 주기를 잊지 말라 하나님은 이같은 제사를 기뻐하시느니라"(히 13:16) ___에게 지체들을 대하여 관대한 마음을 갖게 하소서	"형제들아 너희가 자유를 위하여 부르심을 입었으나 그러나 그 자유로 육체의 기회를 삼지 말고 오직 사랑으로 서로 종 노릇 하라"(갈 5:13) 남과 가족을 사랑으로 섬기는 ___가 되게 하소서
14. Thankfulness 감사	**15. Maturity 성숙**	**16. Holiness 거룩**
"범사에 감사하라 이것이 그리스도 예수 안에서 너희를 향하신 하나님의 뜻이니라"(살전 5:18) ___가 범사에 감사하는 성품으로 바뀌게 하소서	"그러므로 너희가 더욱 힘써 너희 믿음에 덕을, 덕에 지식을, 지식에 절제를, 절제에 인내를, 인내에 경건을"(벧후 1:5-6) ___가 믿음과 덕 가운데 성장하여 많은 열매를 맺게 하소서	"오직 너희의 심령이 새롭게 되어 하나님을 따라 의와 진리의 거룩함으로 지으심을 받은 새 사람을 입으라"(엡 4:23-24) ___가 성령으로 새롭게 되어 하나님의 거룩함을 나타내게 하소서
21. Prayerfulness 기도	**22. Trust 신뢰**	**23. Reverence 경외**
"아무 것도 염려하지 말고 다만 모든 일에 기도와 간구로, 너희 구할 것을 감사함으로 하나님께 아뢰라"(빌 4:6) ___가 아무 것도 염려하지 않고 항상 감사함으로 구하게 하소서	"너는 마음을 다하여 여호와를 신뢰하고 네 명철을 의지하지 말라 너는 범사에 그를 인정하라 그리하면 네 길을 지도하시리라"(잠 3:5-6) ___가 자신을 의지하지 않고 하나님만을 신뢰하게 하소서	"외모로 보시지 않고 각 사람의 행위대로 심판하시는 이를 너희가 아버지라 부른즉 너희가 나그네로 있을 때를 두려움으로 지내라"(벧전 1:17) 주님, ___가 항상 하나님을 의식하며 생각하고 행동하게 하소서
28. Humility 겸손	**29. Responsibility 책임감**	**30. Determination 결단**
"모든 겸손과 온유로 하고 오래 참음으로 사랑 가운데서 서로 용납하고"(엡 4:2) ___가 다른 사람에게 겸손하며, 온유하며, 인내하는 성품이 되게 하소서	"이러므로 우리 각 사람이 자기 일을 하나님께 직고하리라"(롬 14:12) ___가 하나님 앞에서 자기의 책임을 인정하게 하소서	"좌로나 우로나 치우치지 말고 네 발을 악에서 떠나게 하라"(잠 4:27) ___가 우편으로나 좌편으로나 치우치지 않고 선한 목표를 향해 나가게 하소서

3. Purity 순결	4. Forgiveness 용서	5. Self-discipline 자기훈련	6. Wisdom 지혜
"음행과 온갖 더러운 것과 탐욕은 너희 중에서 그 이름조차도 부르지 말라 이는 성도에게 마땅한 바니라 누추함과 어리석은 말이나 희롱의 말이 마땅치 아니하니 오히려 감사하는 말을 하라"(엡 5:3-4) ___가 음행과 더러운 것과 탐욕과 희롱의 말을 하지 않게 하소서	"서로 친절하게 하며 불쌍히 여기며 서로 용서하기를 하나님이 그리스도 안에서 너희를 용서하심과 같이 하라"(엡 4:32) ___가 자기를 힘들게 하는 이들에 대해 인자하게 하소서. 하나님이 자기를 용서하신 것처럼 용서하는 마음을 주소서	"이기기를 다투는 자마다 모든 일에 절제하나니 .내가 내 몸을 쳐 복종하게 함은 내가 남에게 전파한 후에 자신이 도리어 버림을 당할까 두려워함이로다"(고전 9:25-27) ___가 자기 몸을 쳐 복종하는 훈련을 기꺼이 받게 하소서	"이로써 우리도 듣던 날부터 너희를 위하여 기도하기를 그치지 아니하고 구하노니 너희로 하여금 모든 신령한 지혜와 총명에 하나님의 뜻을 아는 것으로 채우게 하시고"(골 1:9) ___에게 지혜와 총명을 주사 하나님의 뜻을 알게 하소서
10. Selflessness 이타심	11. Obedience 순종	12. Discernment 분별력	13. Compassion 긍휼
"각각 자기 일을 돌볼뿐더러 또한 각각 다른 사람들의 일을 돌보아 나의 기쁨을 충만하게 하라"(빌 2:4) 주님, ___가 자기의 일뿐 아니라 다른 사람들의 일을 돌봄으로 오는 기쁨을 알게 하소서	"자녀들아 주 안에서 너희 부모에게 순종하라 이것이 옳으니라 네 아버지와 어머니를 공경하라 이것은 약속이 있는 첫 계명이니"(엡 6:1-2) 주님, ___가 부모에게 기쁘게 순종하는 자녀가 되게 하소서	"누가 철학과 헛된 속임수로 너희를 사로잡을까 주의하라 이것은 사람의 전통과 세상의 초등학문을 따름이요 그리스도를 따름이 아니니라 그 안에는 신성의 모든 충만이 육체로 거하시고"(골 2:8-9) ___가 헛된 철학을 믿지 않게 하소서	"그러므로 너희는 하나님이 택하사 거룩하고 사랑 받는 자처럼 긍휼과 자비와 겸손과 온유와 오래 참음을 옷 입고"(골 3:12) ___를 긍휼과 자비와 겸손과 온유함으로 옷 입혀 주소서
17. Strength 강건	18. Diligence 근면	19. Love 사랑	20. Courage 용기
"끝으로 너희가 주 안에서와 그 힘의 능력으로 강건하여지고 마귀의 간계를 능히 대적하기 위하여 하나님의 전신 갑주를 입으라"(엡 6:10-11) ___가 주 안에서와 그 힘의 능력으로 강건하게 하소서	"무슨 일을 하든지 마음을 다하여 주께 하듯 하고 사람에게 하듯 말라"(골 3:23) ___가 무슨 일을 하든지 주께 하듯 열심히, 부지런한 생활 습관이 몸에 배게 하소서	"사랑에는 거짓이 없나니 악을 미워하고 선에 속하라 형제를 사랑하여 서로 우애하고 존경하기를 서로 먼저 하며"(롬 12:9-10) 진실한 사랑으로 남을 존중하는 것을 기뻐하는 ___가 되게 하소서	"하나님이 우리에게 주신 것은 두려워하는 마음이 아니요 오직 능력과 사랑과 절제하는 마음이니"(딤후 1:7) 주님, ___의 마음에 두려움이 떠나고 십자가의 능력과 사랑과 절제가 가득하게 하소서
24. Confidence 자신감	25. Godliness 경건	26. Truthfulness 진실성	27. Self-control 자제력
"내게 능력 주시는 자 안에서 내가 모든 것을 할 수 있느니라"(빌 4:13) ___가 주님 주시는 능력으로 모든 것을 할 수 있음을 확신하게 하소서	"오직 너 하나님의 사람아 이것들을 피하고 의와 경건과 믿음과 사랑과 인내와 온유를 따르며"(딤전 6:11) ___가 악을 싫어하며 경건한 것을 따르게 하소서	"그런즉 거짓을 버리고 각각 그 이웃과 더불어 참된 것을 말하라 이는 우리가 서로 지체가 됨이라"(엡 4:25) ___가 모든 거짓을 버리고 진실을 말하는 자가 되게 하소서	"내 사랑하는 형제들아 너희가 알지니 사람마다 듣기는 속히 하고 말하기는 더디 하며 성내기도 더디 하라"(약 1:19) ___가 말하기를 더디 하고 성내기도 더디 하여 자기 감정을 절제하는 힘을 기르게 하소서

31. Teachability 배우고자 하는 마음	
"훈계에 착심하며 지식의 말씀에 귀를 기울이라"(잠 23:12) ___가 지침을 따르고 지식을 얻기를 즐겨하게 하소서	"초저녁에 일어나 부르짖을지어다 네 마음을 주의 얼굴 앞에 물 쏟듯 할지어다 각 길 어귀에서 주려 기진한 네 어린 자녀들의 생명을 위하여 주를 향하여 손을 들지어다" 예레미야애가 2:19

♥ 한국 기도하는 엄마들 주제가

♥ MEMO ♥

♥ MEMO ♥

♥ MEMO ♥

기도하는 엄마들
기도일지 ❷

| 감수 | | 한국 기도하는 엄마들(MIP KOREA) |
| 편저 | | 프리셉트 / 최복순 |

| 초판 1쇄 | | 2007년 2월 22일 |
| 개정 3판 5쇄 | | 2023년 3월 24일 |

발행인		김경섭
국제총무		최복순
총무		김현욱
협동총무		김상현
편집부		고유영(편집실장), 김성경
사역부		윤귀순(재무실장), 홍윤정(세미나팀장)
인쇄		영진문원

발행처		프리셉트
등록번호		108-82-61175
일부총판		생명의말씀사 Tel. (02) 3159-7979 Fax. 080-022-8585

주소		서울특별시 서초구 청룡마을길 8-1(신원동) (우) 06802
전화		(02) 588-2218 팩스	(02) 588-2268
홈페이지		www.precept.or.kr

국민은행 431401-04-058116(프리셉트선교회)
2007, 2012, 2017 ⓒ 프리셉트 / 최복순

값 5,000원
ISBN 978-89-8475-724-0 04230
      978-89-8475-711-0 04230(세트)

독자 여러분의 의견을 기다립니다.
독자 전화 (02) 588-2218 / pmbook77@naver.com